기적의 20일 초단기 완성

GO!독학
일본어
단어장

KB047093

S 시원스쿨닷컴

기적의 20일 초단기 완성
GO! 독학 일본어 단어장

초판 1쇄 발행 2024년 1월 2일
초판 2쇄 발행 2024년 3월 4일

지은이 시원스쿨어학연구소
펴낸곳 (주)에스제이더블유인터내셔널
펴낸이 양홍걸 이시원

홈페이지 japan.siwonschool.com
주소 서울시 영등포구 영신로 166 시원스쿨
교재 구입 문의 02)2014-8151
고객센터 02)6409-0878

ISBN 979-11-6150-805-4 10730
Number 1-310101-23231800-08

가장 쉬운 활용 가이드

시원스쿨 일본어 홈페이지
공부자료실 바로가기

단어 쪽지 시험 PDF

원어민 전체 음원 MP3

※ 위 학습 부가 자료들은 시원스쿨 일본어 홈페이지(japan.siwonschool.com)의 수강신청 ▸
교재/MP3 와 학습지원센터 ▸ 공부자료실 에서도 다운로드할 수 있습니다.

목차

GO! 독학 일본어 단어장의 가장 쉬운 활용 가이드 ⋯⋯⋯⋯ 3
목차 ⋯⋯⋯⋯⋯⋯⋯⋯⋯⋯⋯⋯⋯⋯⋯⋯⋯⋯⋯⋯ 4
학습 플랜 ⋯⋯⋯⋯⋯⋯⋯⋯⋯⋯⋯⋯⋯⋯⋯⋯⋯⋯ 6

제1장 일본어 + 한국어 VOCA

DAY01	오늘의 단어(あ행)	14
DAY02	오늘의 단어(あ행)	20
DAY03	오늘의 단어(あ행)	26
DAY04	오늘의 단어(あ행)	32
DAY05	오늘의 단어(か행)	38
DAY06	오늘의 단어(か행)	44
DAY07	오늘의 단어(か행)	50
DAY08	오늘의 단어(か~さ행)	56
DAY09	오늘의 단어(さ행)	62
DAY10	오늘의 단어(さ행)	68
DAY11	오늘의 단어(さ행)	74
DAY12	오늘의 단어(さ~た행)	80
DAY13	오늘의 단어(た행)	86
DAY14	오늘의 단어(た~な행)	92
DAY15	오늘의 단어(な~は행)	98
DAY16	오늘의 단어(は행)	104
DAY17	오늘의 단어(は행)	110
DAY18	오늘의 단어(は~ま행)	116
DAY19	오늘의 단어(ま~や행)	122
DAY20	오늘의 단어(や~わ행)	128

제2장 한국어 + 일본어 VOCA

DAY01	오늘의 단어(ㄱ)		136
DAY02	오늘의 단어(ㄱ)		142
DAY03	오늘의 단어(ㄱ~ㄴ)		148
DAY04	오늘의 단어(ㄴ~ㄷ)		154
DAY05	오늘의 단어(ㄷ)		160
DAY06	오늘의 단어(ㄷ~ㅁ)		166
DAY07	오늘의 단어(ㅁ~ㅂ)		172
DAY08	오늘의 단어(ㅂ)		178
DAY09	오늘의 단어(ㅂ~ㅅ)		184
DAY10	오늘의 단어(ㅅ)		190
DAY11	오늘의 단어(ㅅ)		196
DAY12	오늘의 단어(ㅅ~ㅇ)		202
DAY13	오늘의 단어(ㅇ)		208
DAY14	오늘의 단어(ㅇ)		214
DAY15	오늘의 단어(ㅇ)		220
DAY16	오늘의 단어(ㅇ~ㅈ)		226
DAY17	오늘의 단어(ㅈ)		232
DAY18	오늘의 단어(ㅈ~ㅋ)		238
DAY19	오늘의 단어(ㅋ~ㅍ)		244
DAY20	오늘의 단어(ㅍ~ㅎ)		250

20일 완성 학습 플랜

일자	학습 내용	학습일		데일리 체크
1일차	제1장 DAY01	월	일	☐ 001 ~ 050
2일차	제1장 DAY02	월	일	☐ 051 ~ 100
3일차	제1장 DAY03	월	일	☐ 101 ~ 150
4일차	제1장 DAY04	월	일	☐ 151 ~ 200
5일차	제1장 DAY05	월	일	☐ 201 ~ 250
1~5일차 단어 복습(PDF 제공)				
6일차	제1장 DAY06	월	일	☐ 251 ~ 300
7일차	제1장 DAY07	월	일	☐ 301 ~ 350
8일차	제1장 DAY08	월	일	☐ 351 ~ 400
9일차	제1장 DAY09	월	일	☐ 401 ~ 450
10일차	제1장 DAY10	월	일	☐ 451 ~ 500
6~10일차 단어 복습(PDF 제공)				

일자	학습 내용	학습일		데일리 체크
11일차	제1장 DAY11	월	일	☐ 501 ~ 550
12일차	제1장 DAY12	월	일	☐ 551 ~ 600
13일차	제1장 DAY13	월	일	☐ 601 ~ 650
14일차	제1장 DAY14	월	일	☐ 651 ~ 700
15일차	제1장 DAY15	월	일	☐ 701 ~ 750
11~15일차 단어 복습(PDF 제공)				
16일차	제1장 DAY16	월	일	☐ 751 ~ 800
17일차	제1장 DAY17	월	일	☐ 801 ~ 850
18일차	제1장 DAY18	월	일	☐ 851 ~ 900
19일차	제1장 DAY19	월	일	☐ 901 ~ 950
20일차	제1장 DAY20	월	일	☐ 951 ~ 1000
16~20일차 단어 복습(PDF 제공)				

40일 완성 학습 플랜

일자	학습 내용	학습일		데일리 체크
1일차	제1장 DAY01	월	일	☐ 001 ~ 050
2일차	제1장 DAY02	월	일	☐ 051 ~ 100
3일차	제1장 DAY03	월	일	☐ 101 ~ 150
4일차	제1장 DAY04	월	일	☐ 151 ~ 200
5일차	제1장 DAY05	월	일	☐ 201 ~ 250
1~5일차 단어 복습(PDF 제공)				
6일차	제1장 DAY06	월	일	☐ 251 ~ 300
7일차	제1장 DAY07	월	일	☐ 301 ~ 350
8일차	제1장 DAY08	월	일	☐ 351 ~ 400
9일차	제1장 DAY09	월	일	☐ 401 ~ 450
10일차	제1장 DAY10	월	일	☐ 451 ~ 500
6~10일차 단어 복습(PDF 제공)				

일자	학습 내용	학습일		데일리 체크
11일차	제1장 DAY11	월	일	☐ 501 ~ 550
12일차	제1장 DAY12	월	일	☐ 551 ~ 600
13일차	제1장 DAY13	월	일	☐ 601 ~ 650
14일차	제1장 DAY14	월	일	☐ 651 ~ 700
15일차	제1장 DAY15	월	일	☐ 701 ~ 750
11~15일차 단어 복습(PDF 제공)				
16일차	제1장 DAY16	월	일	☐ 751 ~ 800
17일차	제1장 DAY17	월	일	☐ 801 ~ 850
18일차	제1장 DAY18	월	일	☐ 851 ~ 900
19일차	제1장 DAY19	월	일	☐ 901 ~ 950
20일차	제1장 DAY20	월	일	☐ 951 ~ 1000
16~20일차 단어 복습(PDF 제공)				

일자	학습 내용	학습일		데일리 체크
21일차	제2장 DAY01	월	일	☐ 001 ~ 050
22일차	제2장 DAY02	월	일	☐ 051 ~ 100
23일차	제2장 DAY03	월	일	☐ 101 ~ 150
24일차	제2장 DAY04	월	일	☐ 151 ~ 200
25일차	제2장 DAY05	월	일	☐ 201 ~ 250
21~25일차 단어 복습(PDF 제공)				
26일차	제2장 DAY06	월	일	☐ 251 ~ 300
27일차	제2장 DAY07	월	일	☐ 301 ~ 350
28일차	제2장 DAY08	월	일	☐ 351 ~ 400
29일차	제2장 DAY09	월	일	☐ 401 ~ 450
30일차	제2장 DAY10	월	일	☐ 451 ~ 500
26~30일차 단어 복습(PDF 제공)				

일자	학습 내용	학습일		데일리 체크
31일차	제2장 DAY11	월	일	☐ 501 ~ 550
32일차	제2장 DAY12	월	일	☐ 551 ~ 600
33일차	제2장 DAY13	월	일	☐ 601 ~ 650
34일차	제2장 DAY14	월	일	☐ 651 ~ 700
35일차	제2장 DAY15	월	일	☐ 701 ~ 750
31~35일차 단어 복습(PDF 제공)				
36일차	제2장 DAY16	월	일	☐ 751 ~ 800
37일차	제2장 DAY17	월	일	☐ 801 ~ 850
38일차	제2장 DAY18	월	일	☐ 851 ~ 900
39일차	제2장 DAY19	월	일	☐ 901 ~ 950
40일차	제2장 DAY20	월	일	☐ 951 ~ 1000
36~40일차 단어 복습(PDF 제공)				

제1장

일본어+한국어
VOCA

도전! 오늘의 단어의 읽는 법과 의미를 외워봅시다!

☑ 외운 단어를 셀프 체크해 보세요.

	단어	의미
☐ 001	あいさつ ★	인사
☐ 002	間 ★ (あいだ)	동안, 사이
☐ 003	アイディア ★	아이디어
☐ 004	会う ★ (あ)	만나다
☐ 005	合う (あ)	맞다, 어울리다
☐ 006	青 (あお)	파랑, 파란색
☐ 007	青い ★ (あお)	파랗다
☐ 008	赤 (あか)	빨강, 빨간색
☐ 009	赤い ★ (あか)	빨갛다
☐ 010	あがる	오르다

단어	의미
☐ 011 明るい ★ <ruby>明<rt>あか</rt></ruby>るい	밝다
☐ 012 秋 ★ <ruby>秋<rt>あき</rt></ruby>	가을
☐ 013 開く ★ <ruby>開<rt>あ</rt></ruby>く	열리다
☐ 014 アクセサリー	액세서리
☐ 015 開ける ★ <ruby>開<rt>あ</rt></ruby>ける	열다
☐ 016 あげる	(내가 다른 사람에게) 주다
☐ 017 朝 ★ <ruby>朝<rt>あさ</rt></ruby>	아침
☐ 018 浅い <ruby>浅<rt>あさ</rt></ruby>い	얕다
☐ 019 あさって	모레
☐ 020 足 ★ <ruby>足<rt>あし</rt></ruby>	발, 다리

あ

		단어	의미
☐	021	味 ^{あじ} ★	맛
☐	022	アジア	아시아
☐	023	明日 ^{あした}	내일
☐	024	遊ぶ ^{あそ}	놀다
☐	025	暖かい ^{あたた}	따뜻하다
☐	026	温かい ^{あたた}	(물, 음식 등이) 따뜻하다
☐	027	頭 ^{あたま} ★	머리
☐	028	新しい ^{あたら} ★	새롭다
☐	029	暑い ^{あつ}	덥다
☐	030	熱い ^{あつ}	뜨겁다

단어	의미
□ 031 集まる	모이다
□ 032 集める ★	모으다
□ 033 後 ★	나중, 다음, ~후
□ 034 アナウンサー	아나운서
□ 035 アナウンス	안내 방송
□ 036 兄 ★	(나의) 형, 오빠
□ 037 姉 ★	(나의) 누나, 언니
□ 038 アパート ★	아파트
□ 039 浴びる	(샤워를) 하다, 뒤집어쓰다
□ 040 危ない	위험하다

あ

	단어	의미
☐ 041	油^{あぶら}	기름
☐ 042	アフリカ	아프리카
☐ 043	甘^{あま}い	달다
☐ 044	あまり〜ない ★	그다지 ~않다
☐ 045	雨^{あめ} ★	비
☐ 046	あやまる ★	사과하다
☐ 047	洗^{あら}う	씻다
☐ 048	歩^{ある}く ★	걷다
☐ 049	アルコール	알코올
☐ 050	アルバイト	아르바이트

MEMO

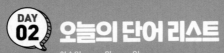
 오늘의 단어의 읽는 법과 의미를 외워봅시다!

☑ 외운 단어를 셀프 체크해 보세요.

단어	의미
☐ 051 アンケート ★	앙케트, 조사
☐ 052 安心 ★ (あんしん)	안심
☐ 053 安全 (あんぜん)	안전
☐ 054 案内 ★ (あんない)	안내
☐ 055 いい	좋다
☐ 056 言う ★ (い)	말하다
☐ 057 家 ★ (いえ)	집(장소)
☐ 058 以外 (いがい)	이외, 그 밖
☐ 059 生きる (い)	살다, 생존하다
☐ 060 行く ★ (い)	가다

20

음원을 들으며 따라 읽어 보세요.

단어	의미
☐ 061 池 いけ	연못
☐ 062 意見 い けん ★	의견
☐ 063 石 いし ★	돌
☐ 064 医者 い しゃ ★	의사
☐ 065 以上 い じょう ★	이상
☐ 066 いす ★	의자
☐ 067 以前 い ぜん	이전
☐ 068 忙しい いそが	바쁘다
☐ 069 急ぐ いそ ★	서두르다
☐ 070 痛い いた	아프다

あ

		단어	의미
☐	071	いちご	딸기
☐	072	一度 _{いち ど} ★	한 번
☐	073	いつ	언제
☐	074	いっぱい	가득, 잔뜩
☐	075	いつも ★	항상
☐	076	以内 _{い ない}	이내
☐	077	犬 _{いぬ} ★	개
☐	078	今 _{いま}	지금
☐	079	意味 _{い み}	의미
☐	080	妹 _{いもうと} ★	여동생

음원을 들으며 따라 읽어 보세요.

단어	의미
☐ 081 いやだ	싫다
☐ 082 入口 (いりぐち)	입구
☐ 083 要る (いる)	필요하다
☐ 084 入れる (いれる)	넣다
☐ 085 色 (いろ) ★	색, 색깔
☐ 086 いろいろ	여러 가지, 다양함
☐ 087 インターネット ★	인터넷
☐ 088 インフルエンザ	인플루엔자, 독감
☐ 089 上 (うえ) ★	위
☐ 090 植える (うえる)	심다

あ

	단어	의미
☐ 091	うけつけ *	접수
☐ 092	受ける	받다, (시험을) 치르다
☐ 093	動く *	움직이다
☐ 094	牛	소
☐ 095	後ろ *	뒤
☐ 096	うすい *	연하다, 얇다
☐ 097	うそ *	거짓말
☐ 098	歌	노래
☐ 099	歌う	노래하다
☐ 100	うち	집(내가 사는 곳)

MEMO

DAY 03 오늘의 단어 리스트

DAY 03 MP3

학습일 :   월   일

 도전! 오늘의 단어의 읽는 법과 의미를 외워봅시다!

☑ 외운 단어를 셀프 체크해 보세요.

단어	의미
☐ 101 美^{うつく}しい ★	아름답다
☐ 102 写^{うつ}す	베끼다
☐ 103 映^{うつ}る	비치다
☐ 104 移^{うつ}る	옮기다
☐ 105 うで	팔
☐ 106 馬^{うま}	말
☐ 107 うまい ★	맛있다, 솜씨가 좋다
☐ 108 生^うまれる ★	태어나다
☐ 109 海^{うみ} ★	바다
☐ 110 うむ ★	낳다

26

단어	의미
☐ 111 売り場 ★	매장
☐ 112 売る ★	팔다
☐ 113 うるさい ★	시끄럽다
☐ 114 うれしい	기쁘다
☐ 115 売れる	팔리다
☐ 116 上着	상의, 겉옷
☐ 117 運転 ★	운전
☐ 118 運動 ★	운동
☐ 119 絵	그림
☐ 120 エアコン ★	에어컨

あ

27

		단어	의미
☐	121	<ruby>映画<rt>えい が</rt></ruby> ★	영화
☐	122	<ruby>映画館<rt>えい が かん</rt></ruby>	영화관
☐	123	<ruby>影響<rt>えいきょう</rt></ruby>	영향
☐	124	<ruby>営業<rt>えいぎょう</rt></ruby> ★	영업
☐	125	<ruby>英語<rt>えい ご</rt></ruby> ★	영어
☐	126	<ruby>駅<rt>えき</rt></ruby> ★	역
☐	127	<ruby>駅員<rt>えきいん</rt></ruby> ★	역무원
☐	128	エスカレーター	에스컬레이터
☐	129	えだ ★	가지
☐	130	<ruby>選ぶ<rt>えら</rt></ruby>	선택하다

음원을 들으며 따라 읽어 보세요.

단어	의미
☐ 131 エレベーター	엘리베이터
☐ 132 えんぴつ	연필
☐ 133 えんりょ ★	사양, 겸손
☐ 134 おいしい	맛있다
☐ 135 おいわい	축하, 축하 선물
☐ 136 おうふく ★	왕복
☐ 137 多い ★	많다
☐ 138 大きい	크다
☐ 139 おおぜい ★	여럿, 많은 사람
☐ 140 オープン	오픈

あ

		단어	의미
☐	141	お母<ruby>母<rt>かあ</rt></ruby>さん	어머니
☐	142	おかし	과자
☐	143	お金<ruby>金<rt>かね</rt></ruby>	돈
☐	144	お客<ruby>客<rt>きゃく</rt></ruby>さん	손님
☐	145	起<ruby>起<rt>お</rt></ruby>きる ★	일어나다
☐	146	置<ruby>置<rt>お</rt></ruby>く ★	두다, 놓다
☐	147	屋上<ruby>屋上<rt>おくじょう</rt></ruby> ★	옥상
☐	148	送<ruby>送<rt>おく</rt></ruby>る ★	보내다
☐	149	遅<ruby>遅<rt>おく</rt></ruby>れる ★	늦다
☐	150	起<ruby>起<rt>お</rt></ruby>こす	일으키다

MEMO

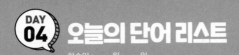

DAY 04 오늘의 단어 리스트

학습일: 월 일

 오늘의 단어의 읽는 법과 의미를 외워봅시다!

☑ 외운 단어를 셀프 체크해 보세요.

단어	의미
☐ 151 行う * (おこな)	행하다
☐ 152 おこられる	야단맞다
☐ 153 おこる *	화내다
☐ 154 おじいさん	할아버지
☐ 155 おしいれ	벽장
☐ 156 教える * (おし)	가르치다
☐ 157 お知らせ (し)	안내문, 공지
☐ 158 押す * (お)	밀다, 누르다
☐ 159 遅い (おそ)	늦다
☐ 160 お宅 (たく)	댁(상대방의 집을 높임말)

		단어	의미
☐	161	お茶 _{ちゃ}	차
☐	162	落ちる _お ★	떨어지다
☐	163	おつり ★	잔돈, 거스름돈
☐	164	音 _{おと}	소리
☐	165	お父さん _{とう}	아버지
☐	166	弟 _{おとうと}	남동생
☐	167	男の子 _{おとこ こ}	남자아이
☐	168	男の人 _{おとこ ひと} ★	남자
☐	169	落とす _お ★	떨어뜨리다
☐	170	おととい	그저께

あ

단어		의미
☐ 171	おととし	재작년
☐ 172	大人 <small>おとな</small>	어른
☐ 173	大人しい [★] <small>おとな</small>	얌전하다
☐ 174	おどる [★]	춤추다
☐ 175	おどろく [★]	놀라다
☐ 176	お腹 <small>なか</small>	배(신체 부위)
☐ 177	同じだ [★] <small>おな</small>	같다
☐ 178	お兄さん <small>にい</small>	형, 오빠
☐ 179	お姉さん <small>ねえ</small>	누나, 언니
☐ 180	お願い <small>ねが</small>	부탁

단어	의미
☐ 181 おばあさん	할머니
☐ 182 おはし	젓가락
☐ 183 お風呂	목욕, 욕실
☐ 184 お弁当	도시락
☐ 185 覚える	외우다, 익히다
☐ 186 おみまい ★	병문안
☐ 187 おみやげ ★	기념품
☐ 188 重い ★	무겁다
☐ 189 思い出 ★	추억
☐ 190 面白い	재미있다

あ

	단어	의미
☐ 191	親 おや	부모
☐ 192	親指 ★ おやゆび	엄지손가락
☐ 193	泳ぐ ★ およ	헤엄치다
☐ 194	降りる お	(탈 것에서) 내리다
☐ 195	折る お	접다
☐ 196	おれい ★	답례 인사, 답례 선물
☐ 197	終わる ★ お	끝나다
☐ 198	音楽 おんがく	음악
☐ 199	女の子 ★ おんな こ	여자아이
☐ 200	女の人 おんな ひと	여자

MEMO

 오늘의 단어의 읽는 법과 의미를 외워봅시다!

☑ 외운 단어를 셀프 체크해 보세요.

단어	의미
☐ 201 　海外　かいがい	해외
☐ 202 　会議　かいぎ	회의
☐ 203 　外国　がいこく ★	외국
☐ 204 　会社　かいしゃ ★	회사
☐ 205 　会社員　かいしゃいん	회사원
☐ 206 　階段　かいだん	계단
☐ 207 　開店　かいてん	개점, 개업
☐ 208 　買い物　かいもの	쇼핑
☐ 209 　会話　かいわ	회화, 대화
☐ 210 　買う　か ★	사다

단어	의미
☐ 211 返す かえ	돌려주다, 반납하다
☐ 212 帰る [★] かえ	돌아가(오)다
☐ 213 顔 [★] かお	얼굴
☐ 214 画家 が か	화가
☐ 215 係り [★] かか	담당
☐ 216 かかる [★]	걸리다
☐ 217 かぎ	열쇠
☐ 218 書く [★] か	쓰다
☐ 219 かぐ [★]	가구
☐ 220 学生 がくせい	학생

か

39

단어	의미
☐ 221 **かさ**	우산
☐ 222 **かざる** ★	장식하다
☐ 223 **家事**	가사, 집안일
☐ 224 **火事**	화재
☐ 225 **貸す** ★	빌려주다
☐ 226 **かぜ**	감기
☐ 227 **風** ★	바람
☐ 228 **数える** ★	(수를) 세다
☐ 229 **家族**	가족
☐ 230 **固い**	단단하다, 딱딱하다

단어	의미
☐ 231 形 (かたち)	모양, 형태
☐ 232 片付ける (かた づ ける)	정리하다, 치우다
☐ 233 カタログ	카탈로그
☐ 234 かつ	이기다
☐ 235 学校 (がっこう) ★	학교
☐ 236 カッター ★	커터, 작은 칼
☐ 237 かど	모퉁이
☐ 238 悲しい (かな しい)	슬프다
☐ 239 かならず ★	반드시
☐ 240 かばん	가방

か

단어	의미
☐ 241 かぶる	(모자 등을) 쓰다
☐ 242 かべ	벽
☐ 243 髪^{かみ}	머리카락
☐ 244 紙^{かみ} ★	종이
☐ 245 雷^{かみなり} ★	천둥
☐ 246 かむ ★	씹다, 물다
☐ 247 カメラ ★	카메라
☐ 248 通^{かよ}う ★	다니다
☐ 249 火^かよう日^び	화요일
☐ 250 辛^{から}い	맵다

MEMO

 오늘의 단어의 읽는 법과 의미를 외워봅시다!

☑ 외운 단어를 셀프 체크해 보세요.

단어	의미
☐ 251 **カラオケ**	노래방
☐ 252 **ガラス**	유리
☐ 253 **体** ^{からだ} *	몸
☐ 254 **借りる** ^か	빌리다
☐ 255 **軽い** ^{かる} *	가볍다
☐ 256 **カレンダー**	캘린더, 달력
☐ 257 **川** ^{かわ} *	강
☐ 258 **かわいい**	귀엽다
☐ 259 **かわく** *	마르다
☐ 260 **考える** ^{かんが} *	생각하다

음원을 들으며 따라 읽어 보세요.

단어	의미
☐ 261 **かんごし**	간호사
☐ 262 **漢字** ★	한자
☐ 263 **簡単だ**	간단하다
☐ 264 **がんばる**	힘내다, 열심히 하다
☐ 265 **木**	나무
☐ 266 **きいろ**	노랑, 노란색
☐ 267 **きいろい**	노랗다
☐ 268 **消える**	꺼지다, 사라지다
☐ 269 **きかい** ★	기계
☐ 270 **聞く** ★	듣다, 묻다

か

45

	단어	의미
☐ 271	危険だ ^{き けん} ★	위험하다
☐ 272	聞こえる ^き	들리다
☐ 273	帰国 ^{き こく} ★	귀국
☐ 274	きせつ	계절
☐ 275	北 ^{きた} ★	북(쪽)
☐ 276	北口 ^{きたぐち}	북쪽 출구
☐ 277	きたない ★	더럽다, 지저분하다
☐ 278	喫茶店 ^{きっ さ てん}	찻집, 카페
☐ 279	きって ★	우표
☐ 280	きっぷ	표

음원을 들으며 따라 읽어 보세요.

단어	의미
☐ 281 昨日	어제
☐ 282 きびしい ★	엄격하다
☐ 283 気分 ★	기분, 컨디션
☐ 284 決まる ★	결정되다
☐ 285 決める ★	결정하다
☐ 286 気持ち	기분, 마음
☐ 287 急行	급행
☐ 288 急に	갑자기
☐ 289 牛肉	소고기
☐ 290 牛乳	우유

か

47

	단어	의미
☐ 291	今日 _{きょう}	오늘
☐ 292	教育 _{きょういく}	교육
☐ 293	教室 _{きょうしつ}	교실
☐ 294	競争 _{きょうそう}	경쟁
☐ 295	兄弟 _{きょうだい}	형제
☐ 296	興味 _{きょうみ}	흥미
☐ 297	去年 _{きょねん}	작년
☐ 298	きらいだ	싫어하다
☐ 299	切る _き ★	자르다
☐ 300	着る _き	입다

MEMO

 오늘의 단어의 읽는 법과 의미를 외워봅시다!

☑ 외운 단어를 셀프 체크해 보세요.

단어	의미
☐ 301 **きれいだ**	깨끗하다, 예쁘다
☐ 302 **きんえん** ★	금연
☐ 303 **銀行**	은행
☐ 304 **近所** ★	근처
☐ 305 **金よう日** ★	금요일
☐ 306 **区** ★	구(행정 구역을 나누는 단위)
☐ 307 **具合**	형편, 상태
☐ 308 **空気**	공기
☐ 309 **空港** ★	공항
☐ 310 **草**	풀

50

음원을 들으며 따라 읽어 보세요.

		단어	의미
☐	311	薬 ^{くすり} ★	약
☐	312	薬屋 ^{くすり や}	약국
☐	313	くだもの ★	과일
☐	314	口 ^{くち}	입
☐	315	くつ ★	신발, 구두
☐	316	ぐっすり	푹, 깊은 잠든 모양
☐	317	国 ^{くに} ★	나라, 고국
☐	318	くばる	나눠주다
☐	319	首 ^{くび}	목, 고개
☐	320	雲 ^{くも} ★	구름

か

단어	의미
☐ 321 **くもり**	흐림
☐ 322 **暗い** ★	어둡다
☐ 323 **グラス** ★	글라스, 유리컵
☐ 324 **クラブ**	클럽, 동아리
☐ 325 **くらべる** ★	비교하다
☐ 326 **くりかえす**	반복하다, 되풀이하다
☐ 327 **来る** ★	오다
☐ 328 **車** ★	자동차
☐ 329 **くれる**	(다른 사람이 나에게) 주다
☐ 330 **黒**	검정, 검정색

단어	의미
☐ 331 黒い ^{くろ} ★	까맣다
☐ 332 計画 ^{けいかく} ★	계획
☐ 333 経験 ^{けいけん} ★	경험
☐ 334 経済 ^{けいざい}	경제
☐ 335 けいさつ	경찰
☐ 336 ケーキ ★	케이크
☐ 337 けが ★	상처, 부상
☐ 338 今朝 ^{け さ} ★	오늘 아침
☐ 339 景色 ^{け しき} ★	경치, 풍경
☐ 340 消す ^け	끄다

か

	단어	의미
☐ 341	結果 ★ けっ か	결과
☐ 342	けっこう	꽤, 제법
☐ 343	結婚 けっこん	결혼
☐ 344	月よう日 げつ び	월요일
☐ 345	原因 げんいん	원인
☐ 346	けんか ★	싸움
☐ 347	見学 けんがく	견학
☐ 348	元気だ ★ げん き	건강하다
☐ 349	研究 ★ けんきゅう	연구
☐ 350	健康 けんこう	건강

MEMO

학습일 : 　월　　일

 오늘의 단어의 읽는 법과 의미를 외워봅시다!

☑ 외운 단어를 셀프 체크해 보세요.

	단어	의미
☐ 351	けんぶつ 見物	구경, 구경꾼
☐ 352	こうえん 公園	공원
☐ 353	ごうかく 合格	합격
☐ 354	こうぎ 講義	강의
☐ 355	こうぎょう 工業	공업
☐ 356	こうこう 高校	고등학교
☐ 357	こうこく 広告	광고
☐ 358	こうさてん 交差点	교차점, 사거리
☐ 359	こうじ 工事 ★	공사
☐ 360	こうじょう 工場 ★	공장

음원을 들으며 따라 읽어 보세요.

	단어	의미
☐ 361	交通 ★ こうつう	교통
☐ 362	交番 こうばん	파출소
☐ 363	公務員 こうむいん	공무원
☐ 364	声 ★ こえ	목소리
☐ 365	コーヒー ★	커피
☐ 366	氷 ★ こおり	얼음
☐ 367	国際 こくさい	국제
☐ 368	午後 ★ ごご	오후
☐ 369	心 ★ こころ	마음
☐ 370	こしょうする ★	고장나다

か

단어	의미
☐ 371 午前	오전
☐ 372 答える ★	대답하다
☐ 373 子ども	아이, 어린이
☐ 374 ご飯	밥
☐ 375 コピー ★	복사
☐ 376 細かい	잘다, 자세하다
☐ 377 困る	곤란하다
☐ 378 ごみ	쓰레기
☐ 379 こむ ★	붐비다, 복잡하다
☐ 380 米	쌀

음원을 들으며 따라 읽어 보세요.

		단어	의미
☐	381	怖い	무섭다
☐	382	壊す	고장내다, 부수다
☐	383	壊れる	고장나다, 부서지다
☐	384	今月	이번 달
☐	385	コンサート ★	콘서트
☐	386	今週	이번 주
☐	387	今度 ★	이번, 이 다음
☐	388	今晩	오늘 밤, 오늘 저녁
☐	389	コンビニ	편의점
☐	390	コンピューター	컴퓨터

か

단어	의미
☐ 391 今夜 ^{こん や} ★	오늘 밤
☐ 392 サービス ★	서비스
☐ 393 最近 ^{さいきん} ★	최근
☐ 394 最後 ^{さい ご} ★	최후, 마지막
☐ 395 最初 ^{さいしょ} ★	최초, 처음
☐ 396 サイズ	사이즈
☐ 397 さいふ ★	지갑
☐ 398 材料 ^{ざいりょう}	재료
☐ 399 サイン ★	사인, 서명, 신호
☐ 400 探す ^{さが} ★	찾다

MEMO

DAY 09 오늘의 단어 리스트

학습일 :　　월　　일

DAY 09 MP3

 오늘의 단어의 읽는 법과 의미를 외워봅시다!

☑ 외운 단어를 셀프 체크해 보세요.

단어	의미
☐ 401 魚 (さかな) ★	생선
☐ 402 さかんだ	활발하다, 번창하다
☐ 403 先に (さきに)	먼저
☐ 404 咲く (さく) ★	(꽃이) 피다
☐ 405 作文 (さくぶん)	작문
☐ 406 さす ★	(우산을) 쓰다
☐ 407 さそい	권유, 유혹
☐ 408 さそう ★	권유하다
☐ 409 サッカー	축구
☐ 410 さっき	조금 전에, 아까

62

음원을 들으며 따라 읽어 보세요.

단어	의미
☐ 411 **ざっし**	잡지
☐ 412 **さとう** ★	설탕
☐ 413 **さびしい**	쓸쓸하다
☐ 414 **寒^{さむ}い** ★	춥다
☐ 415 **皿^{さら}**	접시
☐ 416 **再来年^{さ らいねん}**	내후년
☐ 417 **サラダ**	샐러드
☐ 418 **さわぐ** ★	떠들다
☐ 419 **さわる** ★	만지다, 손을 대다
☐ 420 **参加^{さん か}**	참가

さ

단어	의미
☐ 421 **さんせい** ★	찬성
☐ 422 **サンドイッチ**	샌드위치
☐ 423 **残念だ** ★	유감스럽다
☐ 424 **さんぽ** ★	산책
☐ 425 **字** ★	글씨
☐ 426 **試合** ★	경기, 시합
☐ 427 **塩**	소금
☐ 428 **叱る**	혼내다
☐ 429 **時間**	시간
☐ 430 **試験**	시험

음원을 들으며 따라 읽어 보세요.

단어	의미
☐ 431 事故 (じこ)	사고
☐ 432 仕事 (しごと)	일
☐ 433 辞書 (じしょ)	사전
☐ 434 静かだ (しず)だ ★	조용하다
☐ 435 下 (した) ★	아래
☐ 436 時代 (じだい)	시대
☐ 437 試着 (しちゃく)	피팅, 입어 봄
☐ 438 失敗 (しっぱい)	실패
☐ 439 質問 (しつもん)	질문
☐ 440 失礼 (しつれい)	실례, 예의가 없음

さ

65

	단어	의미
☐ 441	自転車 ★ <small>じ てんしゃ</small>	자전거
☐ 442	自動車 ★ <small>じ どうしゃ</small>	자동차
☐ 443	品物 <small>しなもの</small>	물품, 물건
☐ 444	死ぬ <small>し</small>	죽다
☐ 445	自分 ★ <small>じ ぶん</small>	자기, 자신
☐ 446	閉まる <small>し</small>	닫히다
☐ 447	事務所 <small>じ む しょ</small>	사무소
☐ 448	しめる	매다
☐ 449	閉める ★ <small>し</small>	닫다
☐ 450	社員 <small>しゃいん</small>	사원

MEMO

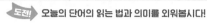

도전! 오늘의 단어의 읽는 법과 의미를 외워봅시다!

☑ 외운 단어를 셀프 체크해 보세요.

	단어	의미
☐ 451	写真 しゃしん	사진
☐ 452	社長 しゃちょう	사장(님)
☐ 453	ジャム	잼
☐ 454	シャワー ★	샤워
☐ 455	自由 ★ じ ゆう	자유
☐ 456	習慣 しゅうかん	습관
☐ 457	住所 ★ じゅうしょ	주소
☐ 458	ジュース	주스
☐ 459	十分だ ★ じゅうぶん	충분하다
☐ 460	授業 ★ じゅぎょう	수업

단어	의미
☐ 461 宿題 しゅくだい	숙제
☐ 462 出席 しゅっせき	출석
☐ 463 出発 ★ しゅっぱつ	출발
☐ 464 趣味 しゅ み	취미
☐ 465 しゅんかん ★	순간
☐ 466 じゅんび ★	준비
☐ 467 紹介 しょうかい	소개
☐ 468 小学校 しょうがっこう	초등학교
☐ 469 上手だ じょう ず	잘하다, 능숙하다
☐ 470 小説 ★ しょうせつ	소설

さ

		단어	의미
☐	471	しょうたい *	초대
☐	472	商品 しょうひん	상품
☐	473	丈夫だ じょう ぶ	튼튼하다
☐	474	情報 じょうほう	정보
☐	475	しょうゆ	간장
☐	476	将来 しょうらい	장래, 미래
☐	477	食事 しょく じ *	식사
☐	478	食堂 しょくどう *	식당
☐	479	食品 しょくひん	식품
☐	480	植物 しょくぶつ	식물

단어	의미
☐ 481 食料品 ^{しょくりょうひん} ★	식료품
☐ 482 女性 ^{じょせい} ★	여성, 여자
☐ 483 しょるい	서류
☐ 484 調べる ^{しら} ★	조사하다
☐ 485 知る ^し	알다
☐ 486 白 ^{しろ}	하양, 하얀색
☐ 487 白い ^{しろ} ★	하얗다
☐ 488 信号 ^{しんごう}	신호
☐ 489 人口 ^{じんこう} ★	인구
☐ 490 親切だ ^{しんせつ} ★	친절하다

さ

		단어	의미
☐	491	心配 ^{しんぱい} ★	걱정, 근심
☐	492	新聞 ^{しんぶん} ★	신문
☐	493	水泳 ^{すいえい}	수영
☐	494	すいか	수박
☐	495	スイッチ ★	스위치
☐	496	水道 ^{すいどう} ★	수도, 상수도
☐	497	水よう日 ^{すい び}	수요일
☐	498	すう ★	(담배를) 피우다
☐	499	スーツ	양복, 슈트
☐	500	スーパー ★	슈퍼

MEMO

 오늘의 단어의 읽는 법과 의미를 외워봅시다!

☑ 외운 단어를 셀프 체크해 보세요.

단어	의미
☐ 501 スープ	수프
☐ 502 好きだ ★	좋아하다
☐ 503 すぐ	금방, 곧
☐ 504 少ない ★	적다
☐ 505 すぐに ★	바로, 즉시
☐ 506 すごい	굉장하다
☐ 507 すこし	조금, 약간
☐ 508 すずしい ★	시원하다, 선선하다
☐ 509 進む ★	나아가다, 진행되다
☐ 510 スタート	스타트, 시작

단어	의미
☐ 511 **ずっと** ＊	훨씬
☐ 512 **ステーキ**	스테이크
☐ 513 **すてる**	버리다
☐ 514 **ストレス**	스트레스
☐ 515 **すな** ＊	모래
☐ 516 **ズボン** ＊	바지
☐ 517 **スマホ**	스마트폰
☐ 518 **住む** ＊	살다
☐ 519 **座る**	앉다
☐ 520 **背**	키

さ

외운 단어를 셀프 체크해 보세요.

단어	의미
☐ 521 生活 _{せいかつ}	생활
☐ 522 成功 _{せいこう}	성공
☐ 523 生産 ★ _{せいさん}	생산
☐ 524 せいひん	제품
☐ 525 セーター	스웨터
☐ 526 セール	세일
☐ 527 世界 ★ _{せ かい}	세계
☐ 528 世界中 ★ _{せ かいじゅう}	전 세계
☐ 529 席 _{せき}	자리, 좌석
☐ 530 セット	세트

단어	의미
☐ 531 説明 ★ せつめい	설명
☐ 532 背中 せなか	등
☐ 533 ぜひ ★	부디, 제발, 꼭
☐ 534 せまい ★	좁다
☐ 535 せわ ★	보살핌, 신세
☐ 536 先日 せんじつ	요전, 얼마 전
☐ 537 先生 ★ せんせい	선생님
☐ 538 ぜんぜん〜ない ★	전혀 ~않다
☐ 539 洗濯 ★ せんたく	세탁
☐ 540 センチ ★	센티(미터)

さ

77

단어	의미
☐ 541 せんぱい *	선배
☐ 542 そうじ *	청소
☐ 543 そうだん *	상담
☐ 544 育てる * ^{そだ}	키우다
☐ 545 卒業 ^{そつぎょう}	졸업
☐ 546 外 * ^{そと}	밖
☐ 547 そば	곁, 옆
☐ 548 そば	메밀국수
☐ 549 祖父 ^{そ ふ}	(나의) 할아버지, 조부
☐ 550 ソファ	소파

MEMO

DAY 12 오늘의 단어 리스트

학습일 :　　월　　일

 오늘의 단어의 읽는 법과 의미를 외워봅시다!

☑ 외운 단어를 셀프 체크해 보세요.

		단어	의미
☐	551	ソフト	소프트, 부드러움
☐	552	祖母	(나의) 할머니, 조모
☐	553	空 ★	하늘
☐	554	そろそろ	이제 곧, 슬슬
☐	555	ダイエット	다이어트
☐	556	大学	대학교
☐	557	大事だ	중요하다, 소중하다
☐	558	大事に ★	소중히
☐	559	大丈夫だ	괜찮다
☐	560	大切だ ★	소중하다, 중요하다

단어	의미
☐ 561 台所 (だいどころ)	부엌
☐ 562 タイプ	타입
☐ 563 台風 (たいふう)	태풍
☐ 564 大変だ (たいへんだ)	힘들다
☐ 565 タオル	타월, 수건
☐ 566 たおれる ★	쓰러지다
☐ 567 高い (たかい) ★	높다, 비싸다
☐ 568 出す (だす) ★	내놓다, 제출하다
☐ 569 たずねる	방문하다, 여쭙다
☐ 570 立つ (たつ) ★	일어서다

た

☑ 외운 단어를 셀프 체크해 보세요.

단어	의미
☐ 571 建つ た	세워지다
☐ 572 建物 たてもの	건물
☐ 573 建てる ★ た	짓다, 세우다
☐ 574 楽しい ★ たの	즐겁다
☐ 575 楽しみ たの	즐거움, 기대
☐ 576 頼む ★ たの	부탁하다, 주문하다
☐ 577 食べ物 た　もの	음식
☐ 578 食べる ★ た	먹다
☐ 579 たまご	계란
☐ 580 たまねぎ	양파

82

단어	의미
☐ 581 だめだ	소용없다, 그르다
☐ 582 足^たりない	부족하다
☐ 583 足^たりる ★	충분하다
☐ 584 たんじょうび ★	생일
☐ 585 ダンス	댄스
☐ 586 男性^{だんせい} ★	남성, 남자
☐ 587 だんだん ★	점점, 순조롭게
☐ 588 だんぼう	난방
☐ 589 小^{ちい}さい ★	작다
☐ 590 チーズ	치즈

た

		단어	의미
☐	591	チェック ★	체크
☐	592	地下 ★ <ruby>ち<rt>ち</rt></ruby><ruby>か<rt>か</rt></ruby>	지하
☐	593	近い ★ <ruby>ちか<rt>ちか</rt></ruby>	가깝다
☐	594	違う <ruby>ちが<rt>ちが</rt></ruby>	다르다
☐	595	地下鉄 <ruby>ち か てつ<rt>ち か てつ</rt></ruby>	지하철
☐	596	力 <ruby>ちから<rt>ちから</rt></ruby>	힘
☐	597	チケット ★	티켓
☐	598	ちこく ★	지각
☐	599	地図 ★ <ruby>ち ず<rt>ち ず</rt></ruby>	지도
☐	600	父 ★ <ruby>ちち<rt>ちち</rt></ruby>	(나의) 아빠, 아버지

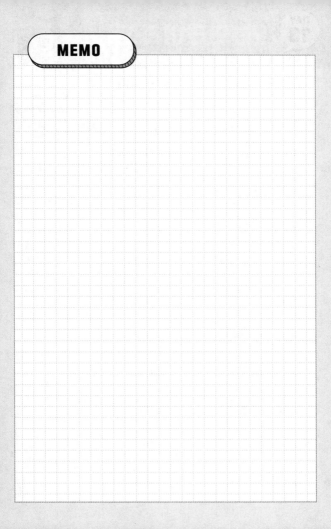

MEMO

 오늘의 단어의 읽는 법과 의미를 외워봅시다!

☑ 외운 단어를 셀프 체크해 보세요.

단어	의미
☐ 601 ちちおや **父親**	부친, 아버지
☐ 602 **チップ**	팁
☐ 603 ちゃいろ **茶色**	갈색
☐ 604 **チャンス** ★	찬스, 기회
☐ 605 ちゅう い **注意** ★	주의
☐ 606 ちゅうがっこう **中学校**	중학교
☐ 607 ちゅう し **中止** ★	중지
☐ 608 ちゅうしゃじょう **駐車場**	주차장
☐ 609 ちゅうもん **注文**	주문
☐ 610 **ちょうど** ★	마침, 꼭

음원을 들으며 따라 읽어 보세요.

		단어	의미
☐	611	ちょきん ★	저금
☐	612	チョコレート ★	초콜릿
☐	613	ちょっと ★	좀, 잠깐
☐	614	地理 ★	지리
☐	615	使う ★	사용하다
☐	616	捕まえる	붙잡다
☐	617	疲れる	지치다, 피곤하다
☐	618	月	달
☐	619	つく	켜지다
☐	620	着く ★	도착하다

た

단어	의미
☐ 621 **つくえ** ★	책상
☐ 622 **作る** ★	만들다
☐ 623 **つける** ★	붙이다, 켜다
☐ 624 **都合** ★	형편, 사정
☐ 625 **伝える** ★	전달하다, 알리다
☐ 626 **つつむ** ★	싸다, 포장하다
☐ 627 **勤める**	근무하다, 일하다
☐ 628 **つまらない** ★	시시하다, 재미없다
☐ 629 **冷たい** ★	차갑다
☐ 630 **強い** ★	세다, 강하다

음원을 들으며 따라 읽어 보세요.

단어	의미
☐ 631 手 ﾃ ★	손
☐ 632 ていねいだ ★	공손하다, 정중하다
☐ 633 ていねいに ★	정성껏
☐ 634 テーブル	테이블
☐ 635 出かける で	외출하다, 나가다
☐ 636 手紙 てがみ ★	편지
☐ 637 テキスト	텍스트, 교과서
☐ 638 できる	가능하다, 생기다
☐ 639 出口 でぐち	출구
☐ 640 テスト	테스트, 시험

た

단어	의미
☐ 641 <ruby>手<rt>て</rt></ruby><ruby>伝<rt>つだ</rt></ruby>う ★	돕다
☐ 642 デパート	백화점
☐ 643 てぶくろ	장갑
☐ 644 <ruby>寺<rt>てら</rt></ruby> ★	절
☐ 645 <ruby>出<rt>で</rt></ruby>る ★	나가(오)다
☐ 646 <ruby>店員<rt>てんいん</rt></ruby> ★	점원
☐ 647 <ruby>天気<rt>てんき</rt></ruby> ★	날씨
☐ 648 <ruby>電気<rt>でんき</rt></ruby>	전기, 전등
☐ 649 <ruby>天気予報<rt>てんきよほう</rt></ruby> ★	일기예보
☐ 650 <ruby>電車<rt>でんしゃ</rt></ruby> ★	전철

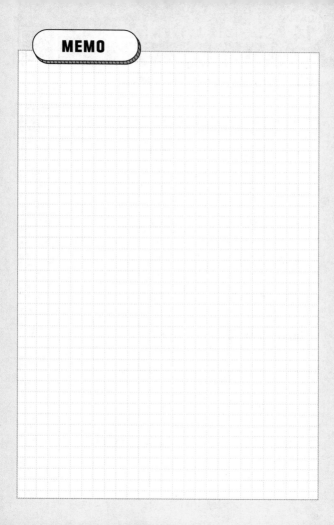

MEMO

 오늘의 단어의 읽는 법과 의미를 외워봅시다!

☑ 외운 단어를 셀프 체크해 보세요.

단어	의미
☐ 651 でん わ 電話 *	전화
☐ 652 ドア	문
☐ 653 どう	어떻게
☐ 654 どうして	어째서, 왜
☐ 655 どうぶつ 動物 *	동물
☐ 656 どうぶつえん 動物園	동물원
☐ 657 どうやって	어떻게
☐ 658 とお 遠い *	멀다
☐ 659 とお 通る *	통하다, 지나가다
☐ 660 と かい 都会 *	도시

단어	의미
☐ 661 時 とき	때
☐ 662 時々 ときどき	때때로, 가끔
☐ 663 どきどき	두근두근
☐ 664 とくに ★	특히
☐ 665 特別だ とくべつ ★	특별하다
☐ 666 時計 とけい ★	시계
☐ 667 ところ ★	곳
☐ 668 図書館 としょかん ★	도서관
☐ 669 閉じる と ★	(눈을) 감다, 닫히다
☐ 670 とちゅう ★	도중

た

단어	의미
☐ 671 特急 ^{とっきゅう} ★	특급
☐ 672 とどく ★	닿다, 도착하다
☐ 673 とどける	보내다
☐ 674 となり	옆, 이웃
☐ 675 飛ぶ ^と	날다
☐ 676 止まる ^と	멈추다
☐ 677 泊まる ^と	숙박하다, 머무르다
☐ 678 止める ^と	멈추다
☐ 679 友だち ^{とも}	친구(들)
☐ 680 土よう日 ^ど^び	토요일

단어	의미
☐ 681 ドライブ	드라이브
☐ 682 鳥 ^{とり} ★	새
☐ 683 とりかえる ★	바꾸다, 교환하다
☐ 684 撮る ^と	찍다
☐ 685 なおる ★	고쳐지다, 낫다
☐ 686 中 ^{なか} ★	안, 속
☐ 687 長い ^{なが} ★	길다
☐ 688 なかなか～ない ★	좀처럼 ~않다
☐ 689 泣く ^な	울다
☐ 690 なくす	잃다, 없애다

な

95

	단어	의미
☐ 691	なぜ	어째서, 왜
☐ 692	夏 ★	여름
☐ 693	夏休み	여름 방학
☐ 694	名前 ★	이름
☐ 695	習う ★	배우다
☐ 696	ならぶ	줄 서다, 늘어서다
☐ 697	ならべる	줄을 세우다, 늘어놓다
☐ 698	なる ★	(벨 등이) 울리다
☐ 699	なれる ★	익숙해지다
☐ 700	にあう ★	어울리다

MEMO

DAY 15 MP3

도전! **오늘의 단어의 읽는 법과 의미를 외워봅시다!**

☑ 외운 단어를 셀프 체크해 보세요.

		단어	의미
☐	701	におい	냄새
☐	702	<ruby>苦<rt>にが</rt></ruby>い ★	(맛이) 쓰다
☐	703	にぎやかだ	떠들썩하다, 번화하다
☐	704	<ruby>肉<rt>にく</rt></ruby>	고기
☐	705	にこにこ ★	생글생글, 싱글벙글
☐	706	<ruby>西<rt>にし</rt></ruby> ★	서(쪽)
☐	707	<ruby>西口<rt>にしぐち</rt></ruby>	서쪽 출구
☐	708	<ruby>二台<rt>にだい</rt></ruby> ★	두 대
☐	709	<ruby>日<rt>にち</rt></ruby>よう<ruby>日<rt>び</rt></ruby>	일요일
☐	710	<ruby>日記<rt>にっき</rt></ruby> ★	일기

단어	의미
☐ 711 にゅういん 入院 ★	입원
☐ 712 にゅうがく 入学	입학
☐ 713 ニュース	뉴스
☐ 714 に 似る ★	닮다
☐ 715 にわ 庭	정원, 마당
☐ 716 にんき 人気 ★	인기
☐ 717 ぬぐ ★	벗다
☐ 718 ぬる	바르다, 칠하다
☐ 719 ぬるい	미지근하다
☐ 720 ぬれる ★	젖다

な

	단어	의미
☐ 721	ネクタイ	넥타이
☐ 722	ねこ *	고양이
☐ 723	ねだん *	가격
☐ 724	ねつ *	열
☐ 725	ネックレス	목걸이
☐ 726	ねっしんに *	열심히
☐ 727	ねぼう *	늦잠
☐ 728	眠い *	졸리다, 자다
☐ 729	寝る	자다, 눕다
☐ 730	眠る *	자다, 잠들다

음원을 들으며 따라 읽어 보세요.

단어	의미
☐ 731 ノート	노트
☐ 732 残る	남다
☐ 733 のど ★	목, 목구멍
☐ 734 伸びる	자라다, 늘어지다
☐ 735 登る	(산을) 오르다
☐ 736 飲む ★	마시다
☐ 737 のりかえる ★	갈아타다, 환승하다
☐ 738 乗る ★	타다
☐ 739 歯	이, 치아
☐ 740 は	잎, 잎사귀

は

	단어	의미
☐ 741	パーティー	파티
☐ 742	パート	파트, 시간제 근무
☐ 743	バイク	오토바이
☐ 744	はいたつ	배달
☐ 745	売店 ばいてん	매점
☐ 746	入る ★ はい	들어가(오)다
☐ 747	はがき ★	엽서
☐ 748	はく	쓸다
☐ 749	はく ★	신다, (바지 등을) 입다
☐ 750	博物館 はくぶつかん	박물관

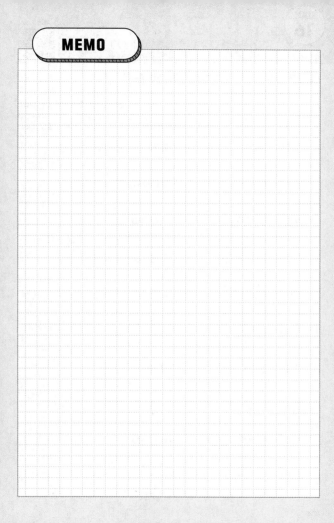

MEMO

오늘의 단어의 읽는 법과 의미를 외워봅시다!

☑ 외운 단어를 셀프 체크해 보세요.

단어	의미
☐ 751 運ぶ _{はこ} ★	옮기다, 운반하다
☐ 752 はし	다리(시설물)
☐ 753 始まる _{はじ}	시작되다
☐ 754 はじめて	처음
☐ 755 始める _{はじ} ★	시작하다
☐ 756 場所 _{ば しょ} ★	장소
☐ 757 走る _{はし} ★	달리다
☐ 758 バス	버스
☐ 759 はずかしい	부끄럽다
☐ 760 バスケットボール	농구

단어	의미
☐ 761 パスタ	파스타
☐ 762 パソコン	퍼스널 컴퓨터
☐ 763 働く ★	일하다
☐ 764 発音	발음
☐ 765 花 ★	꽃
☐ 766 鼻	코
☐ 767 話	이야기
☐ 768 話す ★	이야기하다
☐ 769 バナナ ★	바나나
☐ 770 花火	불꽃놀이

は

단어	의미
☐ 771 母^{はは}	(나의) 엄마, 어머니
☐ 772 母親^{ははおや} ★	모친, 어머니
☐ 773 速^{はや}い ★	(속도가) 빠르다
☐ 774 早^{はや}い	이르다, 빠르다
☐ 775 林^{はやし} ★	숲, 수풀
☐ 776 払^{はら}う ★	지불하다
☐ 777 春^{はる} ★	봄
☐ 778 はる ★	붙이다
☐ 779 バレーボール	배구
☐ 780 はれる ★	맑다, 개다

음원을 들으며 따라 읽어 보세요.

단어	의미
☐ 781 晩 ★ ばん	밤, 저녁때
☐ 782 反対 ★ はんたい	반대
☐ 783 パンツ	바지, 팬티
☐ 784 半年(=はんねん) はんとし	반년
☐ 785 ハンバーガー	햄버거
☐ 786 半分 ★ はんぶん	반, 절반
☐ 787 火 ひ	불
☐ 788 ピアノ	피아노
☐ 789 ビール	맥주
☐ 790 ひえる ★	식다, 차가워지다

は

107

단어	의미
☐ 791 東 ★ ひがし	동(쪽)
☐ 792 東口 ひがしぐち	동쪽 출구
☐ 793 光る ★ ひか	빛나다
☐ 794 引く ★ ひ	당기다
☐ 795 ひく ★	연주하다, 켜다, 치다
☐ 796 低い ひく	낮다, (키가) 작다
☐ 797 ひげ ★	수염
☐ 798 飛行機 ひ こう き	비행기
☐ 799 美術館 び じゅつかん	미술관
☐ 800 非常に ひ じょう	상당히

MEMO

 오늘의 단어 리스트

학습일: 월 일

 오늘의 단어의 읽는 법과 의미를 외워봅시다!

☑ 외운 단어를 셀프 체크해 보세요.

단어	의미
☐ 801 左 ^{ひだり} ★	왼쪽
☐ 802 びっくりする	깜짝 놀라다
☐ 803 ひっこし ★	이사
☐ 804 ひっこす ★	이사하다
☐ 805 必要 ^{ひつよう} ★	필요
☐ 806 ひまだ ★	한가하다
☐ 807 病院 ^{びょういん} ★	병원
☐ 808 病気 ^{びょうき}	병
☐ 809 昼 ^{ひる} ★	낮, 점심
☐ 810 ビル	빌딩

단어	의미
☐ 811 昼ご飯 (ひる はん) ★	점심 식사, 점심밥
☐ 812 昼間 (ひる ま)	낮, 주간
☐ 813 昼休み (ひるやす)	점심 시간
☐ 814 広い (ひろ)	넓다
☐ 815 ひろう ★	줍다
☐ 816 ファイル	파일
☐ 817 プール ★	수영장
☐ 818 増える (ふ) ★	늘다
☐ 819 深い (ふか)	깊다
☐ 820 ふく ★	(바람이) 불다

は

111

단어	의미
☐ 821 服<ruby>服<rt>ふく</rt></ruby>	옷
☐ 822 ふくざつだ	복잡하다
☐ 823 ふくしゅう	복습
☐ 824 <ruby>太<rt>ふと</rt></ruby>い	굵다
☐ 825 ぶどう	포도
☐ 826 <ruby>太<rt>ふと</rt></ruby>る	살찌다
☐ 827 <ruby>船<rt>ふね</rt></ruby> ★	배(이동 수단)
☐ 828 <ruby>不便<rt>ふべん</rt></ruby>だ ★	불편하다
☐ 829 ふまれる	밟히다
☐ 830 ふむ	밟다

단어	의미
☐ 831 冬 ^{ふゆ} ★	겨울
☐ 832 冬休み ^{ふゆやす}	겨울 방학
☐ 833 ふりこみ	입금, 납입
☐ 834 降る ^ふ	(비, 눈 등이) 내리다
☐ 835 古い ^{ふる} ★	오래되다
☐ 836 プレゼント	선물
☐ 837 文法 ^{ぶんぽう}	문법
☐ 838 ページ	페이지
☐ 839 下手だ ^{へ た}	못하다, 서툴다
☐ 840 ペット	애완동물

は

	단어	의미
☐ 841	ベッド ★	침대
☐ 842	べつに	별로
☐ 843	部屋 へや	방
☐ 844	減る へ	줄다, 감소하다
☐ 845	ベル	벨
☐ 846	ペン	펜
☐ 847	勉強 べんきょう ★	공부
☐ 848	返事 へんじ	답장, 대답
☐ 849	便利だ べんり ★	편리하다
☐ 850	ぼうえき ★	무역

MEMO

 오늘의 단어의 읽는 법과 의미를 외워봅시다!

☑ 외운 단어를 셀프 체크해 보세요.

단어	의미
☐ 851 **ぼうし** ★	모자
☐ 852 **ボール**	공
☐ 853 **星** (ほし)	별
☐ 854 **ほしい**	갖고 싶다, 원하다
☐ 855 **ポスター** ★	포스터
☐ 856 **ほそい**	가늘다
☐ 857 **ボタン**	버튼, 단추
☐ 858 **ほとんど** ★	거의
☐ 859 **ほめられる** ★	칭찬받다
☐ 860 **ほめる**	칭찬하다

단어	의미
☐ 861 <ruby>本<rt>ほん</rt></ruby>	책
☐ 862 <ruby>本<rt>ほん</rt></ruby>だな	책장
☐ 863 <ruby>本店<rt>ほんてん</rt></ruby>	본점
☐ 864 <ruby>本当<rt>ほんとう</rt></ruby>	정말, 진짜
☐ 865 <ruby>本屋<rt>ほんや</rt></ruby> ★	책방, 서점
☐ 866 <ruby>毎朝<rt>まいあさ</rt></ruby> ★	매일 아침
☐ 867 <ruby>毎週<rt>まいしゅう</rt></ruby> ★	매주
☐ 868 <ruby>毎月<rt>まいつき</rt></ruby>(=まいげつ)	매달
☐ 869 <ruby>毎年<rt>まいとし</rt></ruby>(=まいねん)	매년
☐ 870 <ruby>毎日<rt>まいにち</rt></ruby> ★	매일

ま

117

☑ 외운 단어를 셀프 체크해 보세요.

단어	의미
☐ 871 前 ★	앞
☐ 872 まがる	구부러지다, 돌다
☐ 873 まける ★	지다
☐ 874 まじめだ ★	성실하다
☐ 875 まずい	맛없다
☐ 876 また	또
☐ 877 まだ	아직
☐ 878 町	도시, 읍, 동네
☐ 879 待つ ★	기다리다
☐ 880 まっすぐ ★	곧바로, 쭉

음원을 들으며 따라 읽어 보세요.

단어	의미
☐ 881 窓 まど	창문
☐ 882 学ぶ ★ まな	배우다
☐ 883 間に合う ★ ま あ	시간에 딱 맞추다
☐ 884 豆 まめ	콩
☐ 885 守る まも	지키다
☐ 886 まるい	둥글다
☐ 887 見える み	보이다
☐ 888 みがく ★	닦다
☐ 889 みかん	귤
☐ 890 右 ★ みぎ	오른쪽

ま

단어	의미
☐ 891 短い <small>みじか</small>	짧다
☐ 892 ミス	실수
☐ 893 水 ★ <small>みず</small>	물
☐ 894 湖 ★ <small>みずうみ</small>	호수
☐ 895 店 ★ <small>みせ</small>	가게
☐ 896 見せる <small>み</small>	보여주다
☐ 897 道 ★ <small>みち</small>	길
☐ 898 みつかる	발견되다, 찾게 되다
☐ 899 みつける ★	발견하다, 찾다
☐ 900 みどり	초록, 녹색

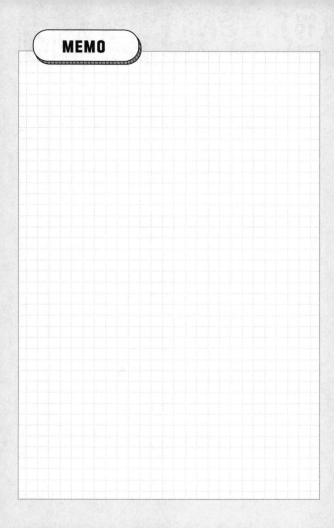

MEMO

 오늘의 단어의 읽는 법과 의미를 외워봅시다!

☑ 외운 단어를 셀프 체크해 보세요.

단어	의미
☐ 901 <ruby>港<rt>みなと</rt></ruby> ★	항구
☐ 902 <ruby>南<rt>みなみ</rt></ruby>	남(쪽)
☐ 903 <ruby>南口<rt>みなみぐち</rt></ruby>	남쪽 출구
☐ 904 <ruby>耳<rt>みみ</rt></ruby> ★	귀
☐ 905 <ruby>見<rt>み</rt></ruby>る ★	보다
☐ 906 <ruby>向<rt>む</rt></ruby>かい	맞은편
☐ 907 <ruby>迎<rt>むか</rt></ruby>える	마중하다, 맞이하다
☐ 908 <ruby>昔<rt>むかし</rt></ruby>	옛날
☐ 909 <ruby>虫<rt>むし</rt></ruby>	벌레
☐ 910 むしあつい ★	무덥다, 습하다

음원을 들으며 따라 읽어 보세요.

단어	의미
☐ 911 難しい むずか	어렵다
☐ 912 無理 む り	무리
☐ 913 無料 む りょう	무료
☐ 914 目 ★ め	눈(신체)
☐ 915 メートル ★	미터
☐ 916 メール	메일
☐ 917 めがね	안경
☐ 918 メニュー ★	메뉴
☐ 919 もう	이미, 벌써
☐ 920 もうしこむ	신청하다

ま

단어	의미
☐ 921 もうすぐ ★	이제 곧, 머지않아
☐ 922 木よう日	목요일
☐ 923 持つ	가지다, 들다
☐ 924 もっと	더, 좀 더
☐ 925 もどる ★	되돌아가(오)다
☐ 926 もらう	받다
☐ 927 森 ★	숲
☐ 928 問題	문제
☐ 929 八百屋	채소가게
☐ 930 野球	야구

단어	의미
☐ 931 焼く や	굽다, 태우다
☐ 932 約束 ★ やくそく	약속
☐ 933 野菜 ★ やさい	채소
☐ 934 優しい やさ	상냥하다
☐ 935 易しい やさ	쉽다
☐ 936 安い ★ やす	싸다, 저렴하다
☐ 937 休み ★ やす	휴일, 방학
☐ 938 休む ★ やす	쉬다
☐ 939 家賃 や ちん	집세
☐ 940 山 ★ やま	산

や

125

		단어	의미
☐	941	やむ *	(비 등이) 그치다, 멈추다
☐	942	やめる *	그만두다, 끊다
☐	943	夕方 *	저녁 무렵
☐	944	ゆうびんきょく *	우체국
☐	945	有名だ	유명하다
☐	946	雪 *	눈
☐	947	ゆしゅつ *	수출
☐	948	ゆっくり	천천히
☐	949	ゆにゅう	수입
☐	950	指 *	손가락

MEMO

오늘의 단어 리스트

학습일 : 월 일

 오늘의 단어의 읽는 법과 의미를 외워봅시다!

☑ 외운 단어를 셀프 체크해 보세요.

단어	의미
☐ 951 **ゆびわ**	반지
☐ 952 **夢** ゆめ ★	꿈
☐ 953 **よい**	좋다
☐ 954 **用事** ようじ ★	일, 용무
☐ 955 **洋服** ようふく	양복, 옷
☐ 956 **ヨーロッパ**	유럽
☐ 957 **よく**	자주, 잘
☐ 958 **横** よこ	옆
☐ 959 **よごれる** ★	더러워지다
☐ 960 **よしゅう** ★	예습

단어	의미
☐ 961 予定 ★ よ てい	예정
☐ 962 夜中 よ なか	한밤중
☐ 963 呼ぶ ★ よ	부르다
☐ 964 予報 よ ほう	예보
☐ 965 読む よ	읽다
☐ 966 予約 ★ よ やく	예약
☐ 967 夜 ★ よる	밤
☐ 968 よろこぶ ★	기뻐하다
☐ 969 弱い ★ よわ	약하다
☐ 970 来月 らいげつ	다음 달

ら

		단어	의미
☐	971	らいしゅう **来週**	다음 주
☐	972	らいねん **来年** ★	내년
☐	973	り ゆう **理由** ★	이유
☐	974	りゅうがく **留学**	유학
☐	975	り よう **利用** ★	이용
☐	976	りょうきん **料金**	요금
☐	977	りょうしん **両親** ★	부모님
☐	978	りょう り **料理** ★	요리
☐	979	りょかん **旅館** ★	여관, 료칸
☐	980	りょこう **旅行** ★	여행

단어	의미
☐ 981 **りんご** ★	사과
☐ 982 **ルール** ★	룰, 규칙
☐ 983 **留守** (る す)	부재중
☐ 984 **レジ**	레지스터, 계산대
☐ 985 **レストラン** ★	레스토랑
☐ 986 **レポート**	리포트, 보고서
☐ 987 **練習** (れんしゅう)	연습
☐ 988 **連絡** (れんらく)	연락
☐ 989 **廊下** (ろう か)	복도
☐ 990 **ワイシャツ** ★	와이셔츠

		단어	의미
☐	991	ワイン	와인
☐	992	若い	젊다
☐	993	わかす	데우다, 끓이다
☐	994	忘れる ★	잊다, 까먹다
☐	995	渡す ★	건네다, 넘기다
☐	996	渡る	건너다
☐	997	笑う	웃다
☐	998	割る ★	나누다, 깨다
☐	999	悪い	나쁘다
☐	1000	割れる	깨지다, 갈리다

MEMO

제2장

한국어+일본어
VOCA

오늘의 단어 리스트

DAY 01 MP3

학습일 :　　월　　　일

 오늘의 단어의 의미와 읽는 법을 외워봅시다!

☑ 외운 단어를 셀프 체크해 보세요.

의미	단어
☐ 001 가게 *	<ruby>店<rt>みせ</rt></ruby>
☐ 002 가격 *	ねだん
☐ 003 가구 *	かぐ
☐ 004 가깝다 *	<ruby>近<rt>ちか</rt></ruby>い
☐ 005 가늘다	ほそい
☐ 006 가능하다, 생기다	できる
☐ 007 가다 *	<ruby>行<rt>い</rt></ruby>く
☐ 008 가득, 잔뜩	いっぱい
☐ 009 가르치다 *	<ruby>教<rt>おし</rt></ruby>える
☐ 010 가방	かばん

136

음원을 들으며 따라 읽어 보세요.

의미	단어
☐ **011** 가볍다 *	<ruby>軽<rt>かる</rt></ruby>い
☐ **012** 가사, 집안일	<ruby>家<rt>か</rt></ruby><ruby>事<rt>じ</rt></ruby>
☐ **013** 가을 *	<ruby>秋<rt>あき</rt></ruby>
☐ **014** 가족	<ruby>家<rt>か</rt></ruby><ruby>族<rt>ぞく</rt></ruby>
☐ **015** 가지 *	えだ
☐ **016** 가지다, 들다	<ruby>持<rt>も</rt></ruby>つ
☐ **017** 간단하다	<ruby>簡<rt>かん</rt></ruby><ruby>単<rt>たん</rt></ruby>だ
☐ **018** 간장	しょうゆ
☐ **019** 간호사	かんごし
☐ **020** 갈색	<ruby>茶<rt>ちゃ</rt></ruby><ruby>色<rt>いろ</rt></ruby>

ㄱ

의미	단어
☐ 021 갈아타다, 환승하다 *	のりかえる
☐ 022 감기	かぜ
☐ 023 (눈을) 감다, 닫다 *	閉じる
☐ 024 갑자기	急に
☐ 025 강 *	川
☐ 026 강의	講義
☐ 027 갖고 싶다, 원하다	ほしい
☐ 028 같다 *	同じだ
☐ 029 개 *	犬
☐ 030 개점, 개업	開店

의미	단어
☐ **031** 거의 *	ほとんど
☐ **032** 거짓말 *	うそ
☐ **033** 걱정, 근심 *	しんぱい 心配
☐ **034** 건강	けんこう 健康
☐ **035** 건강하다 *	げん き 元気だ
☐ **036** 건너다	わた 渡る
☐ **037** 건네다, 넘기다 *	わた 渡す
☐ **038** 건물	たてもの 建物
☐ **039** 걷다 *	ある 歩く
☐ **040** 걸리다 *	かかる

ㄱ

		의미	단어
☐	041	검정, 검정색	黒 くろ
☐	042	겨울 *	冬 ふゆ
☐	043	겨울 방학	冬休み ふゆやす
☐	044	견학	見学 けんがく
☐	045	결과 *	結果 けっか
☐	046	결정되다 *	決まる き
☐	047	결정하다 *	決める き
☐	048	결혼	結婚 けっこん
☐	049	경기, 시합 *	試合 しあい
☐	050	경쟁	競争 きょうそう

MEMO

DAY 02 MP3

학습일:　　월　　일

도전! 오늘의 단어의 의미와 읽는 법을 외워봅시다!

☑ 외운 단어를 셀프 체크해 보세요.

		의미	단어
☐	051	경제	けいざい 経済
☐	052	경찰	けいさつ
☐	053	경치, 풍경 *	けしき 景色
☐	054	경험 *	けいけん 経験
☐	055	곁, 옆	そば
☐	056	계단	かいだん 階段
☐	057	계란	たまご
☐	058	계절	きせつ
☐	059	계획 *	けいかく 計画
☐	060	고기	にく 肉

142

음원을 들으며 따라 읽어 보세요.

의미	단어
☐ 061 고등학교	こうこう 高校
☐ 062 고양이 *	ねこ
☐ 063 고장나다 *	こしょうする
☐ 064 고장나다, 부서지다	こわ 壊れる
☐ 065 고장내다, 부수다	こわ 壊す
☐ 066 고쳐지다, 낫다 *	なおる
☐ 067 곤란하다	こま 困る
☐ 068 곧바로, 쭉 *	まっすぐ
☐ 069 곳 *	ところ
☐ 070 공	ボール

		의미	단어
☐	071	공기	くうき 空気
☐	072	공무원	こうむいん 公務員
☐	073	공부 *	べんきょう 勉強
☐	074	공사 *	こうじ 工事
☐	075	공손하다, 정중하다 *	ていねいだ
☐	076	공업	こうぎょう 工業
☐	077	공원	こうえん 公園
☐	078	공장 *	こうじょう 工場
☐	079	공항 *	くうこう 空港
☐	080	과일 *	くだもの

음원을 들으며 따라 읽어 보세요.

의미	단어
☐ 081 과자	おかし
☐ 082 광고	こうこく 広告
☐ 083 괜찮다	だいじょうぶ 大丈夫だ
☐ 084 굉장하다	すごい
☐ 085 교실	きょうしつ 教室
☐ 086 교육	きょういく 教育
☐ 087 교차점, 사거리	こうさてん 交差点
☐ 088 교통 *	こうつう 交通
☐ 089 구(행정 구역을 나누는 단위) *	く 区
☐ 090 구경, 구경꾼	けんぶつ 見物

ㄱ

의미	단어
☐ 091 구름 *	くも 雲
☐ 092 구부러지다, 돌다	まがる
☐ 093 국제	こくさい 国際
☐ 094 굵다	ふと 太い
☐ 095 굽다, 태우다	や 焼く
☐ 096 권유, 유혹	さそい
☐ 097 권유하다 *	さそう
☐ 098 귀 *	みみ 耳
☐ 099 귀국 *	き こく 帰国
☐ 100 귀엽다	かわいい

MEMO

 오늘의 단어의 의미와 읽는 법을 외워봅시다!

☑ 외운 단어를 셀프 체크해 보세요.

의미	단어
☐ 101 귤	みかん
☐ 102 그다지 ~않다 *	あまり~ない
☐ 103 그림	絵(え)
☐ 104 그만두다, 끊다 *	やめる
☐ 105 그저께	おととい
☐ 106 (비 등이) 그치다, 멈추다 *	やむ
☐ 107 근무하다, 일하다	勤(つと)める
☐ 108 근처 *	近所(きんじょ)
☐ 109 글라스, 유리컵 *	グラス
☐ 110 글씨 *	字(じ)

의미	단어
☐ 111 금방, 곧	すぐ
☐ 112 금연 *	きんえん
☐ 113 금요일 *	金よう日
☐ 114 급행	急行
☐ 115 기계 *	きかい
☐ 116 기념품 *	おみやげ
☐ 117 기다리다 *	待つ
☐ 118 기름	油
☐ 119 기분, 마음	気持ち
☐ 120 기분, 컨디션 *	気分

의미	단어
☐ 121 기뻐하다 *	よろこぶ
☐ 122 기쁘다	うれしい
☐ 123 길 *	道 (みち)
☐ 124 길다 *	長い (ながい)
☐ 125 깊다	深い (ふかい)
☐ 126 까맣다 *	黒い (くろい)
☐ 127 깜짝 놀라다	びっくりする
☐ 128 깨지다, 갈리다 *	割れる (われる)
☐ 129 꺼지다, 사라지다	消える (きえる)
☐ 130 꽃 *	花 (はな)

의미	단어
☐ 131 꽤, 제법	けっこう
☐ 132 꿈 *	夢(ゆめ)
☐ 133 끄다	消(け)す
☐ 134 끝나다 *	終(お)わる
☐ 135 나가(오)다 *	出(で)る
☐ 136 나누다, 깨다 *	割(わ)る
☐ 137 나눠주다	くばる
☐ 138 나라, 고국 *	国(くに)
☐ 139 나무	木(き)
☐ 140 나쁘다	悪(わる)い

		의미	단어
☐	141	나아가다, 진행되다 *	<ruby>進<rt>すす</rt></ruby>む
☐	142	나중, 다음, ~후 *	<ruby>後<rt>あと</rt></ruby>
☐	143	난방	だんぼう
☐	144	날다	<ruby>飛<rt>と</rt></ruby>ぶ
☐	145	날씨 *	<ruby>天気<rt>てんき</rt></ruby>
☐	146	남(쪽)	<ruby>南<rt>みなみ</rt></ruby>
☐	147	남다	<ruby>残<rt>のこ</rt></ruby>る
☐	148	남동생	<ruby>弟<rt>おとうと</rt></ruby>
☐	149	남성, 남자 *	<ruby>男性<rt>だんせい</rt></ruby>
☐	150	남자 *	<ruby>男<rt>おとこ</rt></ruby>の<ruby>人<rt>ひと</rt></ruby>

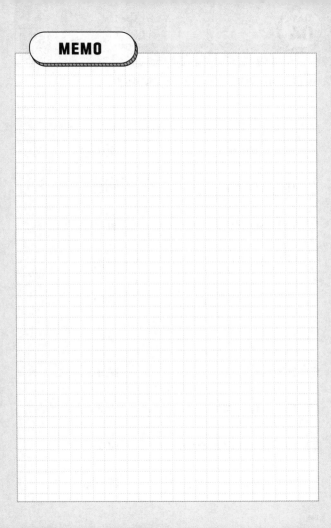

MEMO

 도전! 오늘의 단어의 의미와 읽는 법을 외워봅시다!

☑ 외운 단어를 셀프 체크해 보세요.

		의미	단어
☐	151	남자아이	<ruby>男<rt>おとこ</rt></ruby>の<ruby>子<rt>こ</rt></ruby>
☐	152	남쪽 출구	<ruby>南口<rt>みなみぐち</rt></ruby>
☐	153	낮, 점심	<ruby>昼<rt>ひる</rt></ruby>
☐	154	낮, 주간 *	<ruby>昼間<rt>ひるま</rt></ruby>
☐	155	낮다, (키가) 작다	<ruby>低<rt>ひく</rt></ruby>い
☐	156	낳다 *	うむ
☐	157	내년 *	<ruby>来年<rt>らいねん</rt></ruby>
☐	158	내놓다, 제출하다 *	<ruby>出<rt>だ</rt></ruby>す
☐	159	(비, 눈 등이) 내리다	<ruby>降<rt>ふ</rt></ruby>る
☐	160	(탈 것에서) 내리다	<ruby>降<rt>お</rt></ruby>りる

154

음원을 들으며 따라 읽어 보세요.

의미	단어
☐ 161 내일	あした 明日
☐ 162 내후년	さ らいねん 再来年
☐ 163 냄새	におい
☐ 164 넓다	ひろ 広い
☐ 165 넣다	い 入れる
☐ 166 넥타이	ネクタイ
☐ 167 노랑, 노란색	きいろ
☐ 168 노랗다	きいろい
☐ 169 노래	うた 歌
☐ 170 노래방	カラオケ

		의미	단어
☐	171	노래하다	歌う うた
☐	172	노트	ノート
☐	173	놀다	遊ぶ あそ
☐	174	놀라다 *	おどろく
☐	175	농구	バスケットボール
☐	176	높다, 비싸다 *	高い たか
☐	177	(나의) 누나, 언니 *	姉 あね
☐	178	누나, 언니	お姉さん ねえ
☐	179	눈 *	雪 ゆき
☐	180	눈(신체) *	目 め

의미	단어
□ 181 뉴스	ニュース
□ 182 늘다 *	増える
□ 183 늦다 *	遅れる
□ 184 늦다	遅い
□ 185 늦잠 *	ねぼう
□ 186 다니다 *	通う
□ 187 다르다	違う
□ 188 다리(시설물)	はし
□ 189 다음 달	来月
□ 190 다음 주	来週

		의미	단어
☐	191	다이어트	ダイエット
☐	192	닦다 *	みがく
☐	193	단단하다, 딱딱하다	固^{かた}い
☐	194	닫다	閉^しめる
☐	195	닫히다	閉^しまる
☐	196	달	月^{つき}
☐	197	달다	甘^{あま}い
☐	198	달리다 *	走^{はし}る
☐	199	닮다 *	似^にる
☐	200	담당 *	係^{かか}り

MEMO

DAY 05 오늘의 단어 리스트

DAY 05 MP3

학습일 :   월   일

 오늘의 단어의 의미와 읽는 법을 외워봅시다!

☑ 외운 단어를 셀프 체크해 보세요.

		의미	단어
☐	201	답례 인사, 답례 선물 *	おれい
☐	202	답장, 대답	返事(へんじ)
☐	203	당기다 *	引(ひ)く
☐	204	닿다, 도착하다 *	とどく
☐	205	대답하다 *	答(こた)える
☐	206	대학교	大学(だいがく)
☐	207	댁(상대방의 집을 높임말)	お宅(たく)
☐	208	댄스	ダンス
☐	209	더, 좀 더	もっと
☐	210	더러워지다 *	よごれる

음원을 들으며 따라 읽어 보세요.

의미	단어
☐ 211 더럽다, 지저분하다 *	きたない
☐ 212 덥다	暑い
☐ 213 데우다, 끓이다	わかす
☐ 214 도서관 *	図書館
☐ 215 도시 *	都会
☐ 216 도시, 읍, 동네	町
☐ 217 도시락	お弁当
☐ 218 도중 *	とちゅう
☐ 219 도착하다 *	着く
☐ 220 돈	お金

		의미	단어
☐	221	돌 *	いし 石
☐	222	돌려주다, 반납하다	かえ 返す
☐	223	돌아가(오)다 *	かえ 帰る
☐	224	돕다 *	て つだ 手伝う
☐	225	동(쪽) *	ひがし 東
☐	226	동물 *	どうぶつ 動物
☐	227	동물원	どうぶつえん 動物園
☐	228	동안, 사이 *	あいだ 間
☐	229	동쪽 출구	ひがしぐち 東口
☐	230	되돌아가(오)다 *	もどる

음원을 들으며 따라 읽어 보세요.

의미	단어
☐ 231 두 대 *	に だい 二台
☐ 232 두근두근	どきどき
☐ 233 두다, 놓다 *	お 置く
☐ 234 둥글다	まるい
☐ 235 뒤 *	うし 後ろ
☐ 236 드라이브	ドライブ
☐ 237 듣다, 묻다 *	き 聞く
☐ 238 들리다	き 聞こえる
☐ 239 들어가(오)다 *	はい 入る
☐ 240 등	せ なか 背中

ㄷ

163

		의미	단어
☐	241	따뜻하다	暖^{あたた}かい
☐	242	(물, 음식 등이) 따뜻하다	温^{あたた}かい
☐	243	딸기	いちご
☐	244	때	時^{とき}
☐	245	때때로, 가끔	時々^{ときどき}
☐	246	떠들다 *	さわぐ
☐	247	떠들썩하다, 번화하다	にぎやかだ
☐	248	떨어뜨리다 *	落^おとす
☐	249	떨어지다 *	落^おちる
☐	250	또	また

MEMO

 오늘의 단어의 의미와 읽는 법을 외워봅시다!

☑ 외운 단어를 셀프 체크해 보세요.

		의미	단어
☐	251	뜨겁다	<ruby>熱<rt>あつ</rt></ruby>い
☐	252	레스토랑 *	レストラン
☐	253	레지스터, 계산대	レジ
☐	254	룰, 규칙 *	ルール
☐	255	리포트, 보고서	レポート
☐	256	마르다 *	かわく
☐	257	마시다 *	<ruby>飲<rt>の</rt></ruby>む
☐	258	마음 *	<ruby>心<rt>こころ</rt></ruby>
☐	259	마중하다, 맞이하다	<ruby>迎<rt>むか</rt></ruby>える
☐	260	마침, 꼭 *	ちょうど

음원을 들으며 따라 읽어 보세요.

의미	단어
☐ 261 만나다 *	<ruby>会<rt>あ</rt></ruby>う
☐ 262 만들다 *	<ruby>作<rt>つく</rt></ruby>る
☐ 263 만지다, 손을 대다 *	さわる
☐ 264 많다 *	<ruby>多<rt>おお</rt></ruby>い
☐ 265 말	<ruby>馬<rt>うま</rt></ruby>
☐ 266 말하다 *	<ruby>言<rt>い</rt></ruby>う
☐ 267 맑다, 개다 *	はれる
☐ 268 맛 *	<ruby>味<rt>あじ</rt></ruby>
☐ 269 맛없다	まずい
☐ 270 맛있다	おいしい

167

		의미	단어
☐	271	맛있다, 솜씨가 좋다 *	うまい
☐	272	맞다, 어울리다	合う
☐	273	맞은편	向かい
☐	274	매년	毎年(=まいねん)
☐	275	(넥타이를) 매다	しめる
☐	276	매달	毎月(=まいげつ)
☐	277	매일 *	毎日
☐	278	매일 아침 *	毎朝
☐	279	매장 *	売り場
☐	280	매점	売店

음원을 들으며 따라 읽어 보세요.

의미	단어
☐ 281　매주 *	毎週 (まいしゅう)
☐ 282　맥주	ビール
☐ 283　맵다	辛い (から)
☐ 284　머리 *	頭 (あたま)
☐ 285　머리카락	髪 (かみ)
☐ 286　먹다 *	食べる (た)
☐ 287　먼저	先に (さき)
☐ 288　멀다 *	遠い (とお)
☐ 289　메뉴 *	メニュー
☐ 290　메밀국수	そば

		의미	단어
☐	291	메일	メール
☐	292	모래 *	すな
☐	293	모레	あさって
☐	294	모양, 형태	形
☐	295	모으다 *	集める
☐	296	모이다	集まる
☐	297	모자 *	ぼうし
☐	298	모친, 어머니 *	母親
☐	299	모퉁이	かど
☐	300	목, 고개	首

MEMO

 오늘의 단어의 의미와 읽는 법을 외워봅시다!

☑ 외운 단어를 셀프 체크해 보세요.

의미	단어
☐ 301 목, 목구멍 *	のど
☐ 302 목걸이	ネックレス
☐ 303 목소리 *	声(こえ)
☐ 304 목요일	木(もく)よう日(び)
☐ 305 목욕, 욕실	お風呂(ふろ)
☐ 306 몸 *	体(からだ)
☐ 307 못하다, 서툴다	下手(へた)だ
☐ 308 무겁다 *	重(おも)い
☐ 309 무덥다, 습하다 *	むしあつい
☐ 310 무료	無料(むりょう)

172

의미	단어
☐ 311 무리	無理 (むり)
☐ 312 무섭다	怖い (こわい)
☐ 313 무역 *	ぼうえき
☐ 314 문	ドア
☐ 315 문법	文法 (ぶんぽう)
☐ 316 문제	問題 (もんだい)
☐ 317 물 *	水 (みず)
☐ 318 물품, 물건	品物 (しなもの)
☐ 319 미술관	美術館 (びじゅつかん)
☐ 320 미지근하다	ぬるい

		의미	단어
☐	321	미터 *	メートル
☐	322	밀다, 누르다 *	押^おす
☐	323	바꾸다, 교환하다 *	とりかえる
☐	324	바나나 *	バナナ
☐	325	바다	海^{うみ}
☐	326	바람 *	風^{かぜ}
☐	327	바로, 즉시 *	すぐに
☐	328	바르다, 칠하다	ぬる
☐	329	바쁘다	忙^{いそが}しい
☐	330	바지 *	ズボン

음원을 들으며 따라 읽어 보세요.

의미	단어
☐ 331 바지, 팬티	パンツ
☐ 332 박물관	はくぶつかん 博物館
☐ 333 밖 *	そと 外
☐ 334 반년	はんとし 半年(=はんねん)
☐ 335 반, 절반 *	はんぶん 半分
☐ 336 반대 *	はんたい 反対
☐ 337 반드시 *	かならず
☐ 338 반복하다, 되풀이하다	くりかえす
☐ 339 반지	ゆびわ
☐ 340 받다	もらう

ㅂ

175

		의미	단어
☐	341	받다, (시험을) 치르다	受^うける

| ☐ | 342 | 발, 다리 * | 足^{あし} |

| ☐ | 343 | 발견되다, 찾게 되다 | みつかる |

| ☐ | 344 | 발견하다, 찾다 * | みつける |

| ☐ | 345 | 발음 | 発音^{はつおん} |

| ☐ | 346 | 밝다 * | 明^{あか}るい |

| ☐ | 347 | 밟다 | ふむ |

| ☐ | 348 | 밟히다 | ふまれる |

| ☐ | 349 | 밤 * | 夜^{よる} |

| ☐ | 350 | 밤, 저녁때 * | 晩^{ばん} |

MEMO

 오늘의 단어의 의미와 읽는 법을 외워봅시다!

☑ 외운 단어를 셀프 체크해 보세요.

의미	단어
☐ 351 밥	ご飯
☐ 352 방	部屋
☐ 353 방문하다, 여쭙다	たずねる
☐ 354 배(신체 부위)	お腹
☐ 355 배(이동 수단) *	船
☐ 356 배구	バレーボール
☐ 357 배달	はいたつ
☐ 358 배우다 *	習う
☐ 359 배우다 *	学ぶ
☐ 360 백화점	デパート

178

의미	단어
☐ 361 버리다	すてる
☐ 362 버스	バス
☐ 363 버튼, 단추	ボタン
☐ 364 벌레	虫<ruby>むし</ruby>
☐ 365 벗다 *	ぬぐ
☐ 366 베끼다	写<ruby>うつ</ruby>す
☐ 367 벨	ベル
☐ 368 벽	かべ
☐ 369 벽장	おしいれ
☐ 370 별	星<ruby>ほし</ruby>

ㅂ

		의미	단어
☐	371	별로	べつに
☐	372	병	病気 びょう き
☐	373	병문안 *	おみまい
☐	374	병원 *	病院 びょういん
☐	375	보내다 *	送る おく
☐	376	보내다, 전달하다	とどける
☐	377	보다 *	見る み
☐	378	보살핌, 신세 *	せわ
☐	379	보여주다	見せる み
☐	380	보이다	見える み

음원을 들으며 따라 읽어 보세요.

		의미	단어
☐	381	복도	<ruby>廊下<rt>ろうか</rt></ruby>
☐	382	복사 *	コピー
☐	383	복습	ふくしゅう
☐	384	복잡하다	ふくざつだ
☐	385	본점	<ruby>本店<rt>ほんてん</rt></ruby>
☐	386	봄 *	<ruby>春<rt>はる</rt></ruby>
☐	387	부끄럽다	はずかしい
☐	388	부디, 제발, 꼭 *	ぜひ
☐	389	부르다 *	<ruby>呼<rt>よ</rt></ruby>ぶ
☐	390	부모	<ruby>親<rt>おや</rt></ruby>

ㅂ

	의미	단어
☐ 391	부모님 *	両親 りょうしん
☐ 392	부엌	台所 だいどころ
☐ 393	부재중	留守 る す
☐ 394	부족하다	足りない た
☐ 395	부친, 아버지	父親 ちちおや
☐ 396	부탁	お願い ねが
☐ 397	부탁하다, 주문하다 *	頼む たの
☐ 398	북(쪽) *	北 きた
☐ 399	북쪽 출구	北口 きたぐち
☐ 400	불	火 ひ

MEMO

 오늘의 단어의 의미와 읽는 법을 외워봅시다!

☑ 외운 단어를 셀프 체크해 보세요.

의미	단어
☐ 401 불꽃놀이	花火 はな び
☐ 402 (바람이) 불다 *	ふく
☐ 403 불편하다 *	不便だ べん り
☐ 404 붐비다, 복잡하다 *	こむ
☐ 405 붙이다 *	はる
☐ 406 붙이다, 켜다 *	つける
☐ 407 붙잡다	捕まえる つか
☐ 408 비 *	雨 あめ
☐ 409 비교하다 *	くらべる
☐ 410 비치다	映る うつ

의미	단어
☐ 411 비행기	飛行機（ひこうき）
☐ 412 빌딩	ビル
☐ 413 빌려주다 *	貸す（かす）
☐ 414 빌리다	借りる（かりる）
☐ 415 빛나다 *	光る（ひかる）
☐ 416 (속도가) 빠르다 *	速い（はやい）
☐ 417 빨강, 빨간색	赤（あか）
☐ 418 빨갛다 *	赤い（あかい）
☐ 419 사고	事故（じこ）
☐ 420 사과 *	りんご

人

의미	단어
☐ 421 사과하다 *	あやまる
☐ 422 사다 *	買^かう
☐ 423 사무소	事務所^{じ む しょ}
☐ 424 사양, 겸손 *	えんりょ
☐ 425 사용하다 *	使^{つか}う
☐ 426 사원	社員^{しゃいん}
☐ 427 사이즈	サイズ
☐ 428 사인, 서명, 신호 *	サイン
☐ 429 사장(님)	社長^{しゃちょう}
☐ 430 사전	辞書^{じ しょ}

의미	단어
☐ 431 사진	しゃしん 写真
☐ 432 산 *	やま 山
☐ 433 산책 *	さんぽ
☐ 434 살다 *	す 住む
☐ 435 살다, 생존하다	い 生きる
☐ 436 살찌다	ふと 太る
☐ 437 상냥하다	やさ 優しい
☐ 438 상담 *	そうだん
☐ 439 상당히	ひ じょう 非常に
☐ 440 상의, 겉옷	うわ ぎ 上着

人

		의미	단어
☐	441	상처, 부상 *	けが
☐	442	상품	商品 しょうひん
☐	443	새 *	鳥 とり
☐	444	새롭다 *	新しい あたら
☐	445	색, 색깔 *	色 いろ
☐	446	샌드위치	サンドイッチ
☐	447	샐러드	サラダ
☐	448	생각하다 *	考える かんが
☐	449	생글생글, 싱글벙글 *	にこにこ
☐	450	생산 *	生産 せいさん

MEMO

DAY 10 MP3

 오늘의 단어의 의미와 읽는 법을 외워봅시다!

☑ 외운 단어를 셀프 체크해 보세요.

		의미	단어
☐	451	생선 *	<ruby>魚<rt>さかな</rt></ruby>
☐	452	생일 *	たんじょうび
☐	453	생활	<ruby>生活<rt>せいかつ</rt></ruby>
☐	454	샤워 *	シャワー
☐	455	서(쪽) *	<ruby>西<rt>にし</rt></ruby>
☐	456	서다, 멈추다	<ruby>止<rt>と</rt></ruby>まる
☐	457	서두르다 *	<ruby>急<rt>いそ</rt></ruby>ぐ
☐	458	서류	しょるい
☐	459	서비스 *	サービス
☐	460	서쪽 출구	<ruby>西口<rt>にしぐち</rt></ruby>

의미	단어
☐ 461 선물	プレゼント
☐ 462 선배 *	せんぱい
☐ 463 선생님 *	先生
☐ 464 선택하다	選ぶ
☐ 465 설명 *	説明
☐ 466 설탕 *	さとう
☐ 467 성공	成功
☐ 468 성실하다 *	まじめだ
☐ 469 세계 *	世界
☐ 470 (수를) 세다 *	数える

人

		의미	단어
☐	471	세다, 강하다 *	強い
☐	472	세우다, 멈추다	止める
☐	473	세워지다	建つ
☐	474	세일	セール
☐	475	세탁 *	洗濯
☐	476	세트	セット
☐	477	센티(미터) *	センチ
☐	478	소	牛
☐	479	소개	紹介
☐	480	소고기	牛肉

의미	단어
☐ 481 소금	しお 塩
☐ 482 소리	おと 音
☐ 483 소설 *	しょうせつ 小説
☐ 484 소용없다, 그르다	だめだ
☐ 485 소중하다, 중요하다 *	たいせつ 大切だ
☐ 486 소중히 *	だいじ 大事に
☐ 487 소파	ソファ
☐ 488 소프트, 부드러움	ソフト
☐ 489 손 *	て 手
☐ 490 손가락 *	ゆび 指

人

	의미	단어
☐ 491	손님	お客^{きゃく}さん
☐ 492	쇼핑	買^かい物^{もの}
☐ 493	수도, 상수도 *	水道^{すいどう}
☐ 494	수박	すいか
☐ 495	수업 *	授業^{じゅぎょう}
☐ 496	수염 *	ひげ
☐ 497	수영	水泳^{すいえい}
☐ 498	수영장 *	プール
☐ 499	수요일	水^{すい}よう日^び
☐ 500	수입	ゆにゅう

MEMO

DAY 11 오늘의 단어 리스트

DAY 11 MP3

학습일 :　　월　　일

 오늘의 단어의 의미와 읽는 법을 외워봅시다!

☑ 외운 단어를 셀프 체크해 보세요.

의미	단어
☐ 501　수출 *	ゆしゅつ
☐ 502　수프	スープ
☐ 503　숙박하다, 머무르다	泊まる
☐ 504　숙제	宿題
☐ 505　순간 *	しゅんかん
☐ 506　숲 *	森
☐ 507　숲, 수풀 *	林
☐ 508　쉬다 *	休む
☐ 509　쉽다	易しい
☐ 510　슈퍼 *	スーパー

음원을 들으며 따라 읽어 보세요.

의미	단어
☐ 511　스마트폰	スマホ
☐ 512　스웨터	セーター
☐ 513　스위치 *	スイッチ
☐ 514　스타트, 시작	スタート
☐ 515　스테이크	ステーキ
☐ 516　스트레스	ストレス
☐ 517　슬프다	悲_{かな}しい
☐ 518　습관	習慣_{しゅうかん}
☐ 519　시간	時間_{じかん}
☐ 520　시간에 딱 맞추다 *	間_まに合_あう

人

197

의미	단어
☐ 521 시계 *	時計 (とけい)
☐ 522 시끄럽다 *	うるさい
☐ 523 시대	時代 (じだい)
☐ 524 시시하다, 재미없다 *	つまらない
☐ 525 시원하다, 선선하다 *	すずしい
☐ 526 시작되다	始まる (はじまる)
☐ 527 시작하다 *	始める (はじめる)
☐ 528 시험	試験 (しけん)
☐ 529 식다, 차가워지다 *	ひえる
☐ 530 식당 *	食堂 (しょくどう)

의미	단어
☐ 531 식료품 *	しょくりょうひん 食料品
☐ 532 식물	しょくぶつ 植物
☐ 533 식사 *	しょく じ 食事
☐ 534 식품	しょくひん 食品
☐ 535 신다, (바지 등을) 입다 *	はく
☐ 536 신문 *	しんぶん 新聞
☐ 537 신발, 구두 *	くつ
☐ 538 신청하다	もうしこむ
☐ 539 신호	しんごう 信号
☐ 540 실례, 예의가 없음	しつれい 失礼

人

		의미	단어
☐	541	실수	ミス
☐	542	실패	失敗 しっぱい
☐	543	싫다	いやだ
☐	544	싫어하다	きらいだ
☐	545	심다	植える う
☐	546	싸다, 저렴하다 *	安い やす
☐	547	싸다, 포장하다 *	つつむ
☐	548	싸움 *	けんか
☐	549	쌀	米 こめ
☐	550	(맛이) 쓰다 *	苦い にが

MEMO

 오늘의 단어의 의미와 읽는 법을 외워봅시다!

☑ 외운 단어를 셀프 체크해 보세요.

의미	단어
☐ 551　(모자 등을) 쓰다	かぶる
☐ 552　(우산을) 쓰다 *	さす
☐ 553　쓰다 *	書く
☐ 554　쓰러지다 *	たおれる
☐ 555　쓰레기	ごみ
☐ 556　쓸다	はく
☐ 557　쓸쓸하다	さびしい
☐ 558　씹다, 물다 *	かむ
☐ 559　씻다	洗う
☐ 560　아나운서	アナウンサー

의미	단어
☐ 561 아래 *	下（した）
☐ 562 아르바이트	アルバイト
☐ 563 아름답다 *	美（うつく）しい
☐ 564 아버지	お父（とう）さん
☐ 565 (나의) 아빠, 아버지 *	父（ちち）
☐ 566 아시아	アジア
☐ 567 아이, 어린이	子（こ）ども
☐ 568 아이디어 *	アイディア
☐ 569 아직	まだ
☐ 570 아침 *	朝（あさ）

의미	단어
☐ 571 아파트 *	アパート
☐ 572 아프다	痛い
☐ 573 아프리카	アフリカ
☐ 574 안, 속 *	中
☐ 575 안경	めがね
☐ 576 안내 *	案内
☐ 577 안내 방송	アナウンス
☐ 578 안내문, 공지	お知らせ
☐ 579 안심 *	安心
☐ 580 안전	安全

음원을 들으며 따라 읽어 보세요.

		의미	단어
☐	581	앉다	座る
☐	582	알다	知る
☐	583	알코올	アルコール
☐	584	앙케트, 조사 *	アンケート
☐	585	앞 *	前
☐	586	애완동물	ペット
☐	587	액세서리	アクセサリー
☐	588	야구	野球
☐	589	야단맞다	おこられる
☐	590	약 *	薬

205

		의미	단어
☐	591	약국	薬屋 (くすりや)
☐	592	약속 *	約束 (やくそく)
☐	593	약하다 *	弱い (よわい)
☐	594	얌전하다 *	大人しい (おとなしい)
☐	595	양복, 슈트	スーツ
☐	596	양복, 옷	洋服 (ようふく)
☐	597	양파	たまねぎ
☐	598	얕다	浅い (あさい)
☐	599	어둡다 *	暗い (くらい)
☐	600	어떻게	どう

MEMO

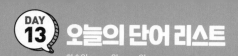

 오늘의 단어의 의미와 읽는 법을 외워봅시다!

☑ 외운 단어를 셀프 체크해 보세요.

		의미	단어
☐	601	어떻게	どうやって
☐	602	어렵다	難（むずか）しい
☐	603	어른	大人（おとな）
☐	604	어머니	お母（かあ）さん
☐	605	어울리다 *	にあう
☐	606	어제	昨日（きのう）
☐	607	어째서, 왜	どうして
☐	608	어째서, 왜	なぜ
☐	609	언제	いつ
☐	610	얼굴 *	顔（かお）

음원을 들으며 따라 읽어 보세요.

의미	단어
☐ 611 얼음 *	こおり 氷
☐ 612 엄격하다 *	きびしい
☐ 613 (나의) 엄마, 어머니	はは 母
☐ 614 엄지손가락 *	おやゆび 親指
☐ 615 에스컬레이터	エスカレーター
☐ 616 에어컨 *	エアコン
☐ 617 엘리베이터	エレベーター
☐ 618 여관, 료칸 *	りょかん 旅館
☐ 619 여동생 *	いもうと 妹
☐ 620 여러 가지, 다양함	いろいろ

☑ 외운 단어를 셀프 체크해 보세요.

의미	단어
☐ 621 여럿, 많은 사람 *	おおぜい
☐ 622 여름 *	<ruby>夏<rt>なつ</rt></ruby>
☐ 623 여름 방학	<ruby>夏<rt>なつ</rt></ruby><ruby>休<rt>やす</rt></ruby>み
☐ 624 여성, 여자 *	<ruby>女性<rt>じょせい</rt></ruby>
☐ 625 여자	<ruby>女<rt>おんな</rt></ruby>の<ruby>人<rt>ひと</rt></ruby>
☐ 626 여자아이 *	<ruby>女<rt>おんな</rt></ruby>の<ruby>子<rt>こ</rt></ruby>
☐ 627 여행 *	<ruby>旅行<rt>りょこう</rt></ruby>
☐ 628 역 *	<ruby>駅<rt>えき</rt></ruby>
☐ 629 역무원 *	<ruby>駅員<rt>えきいん</rt></ruby>
☐ 630 연구 *	<ruby>研究<rt>けんきゅう</rt></ruby>

		의미	단어
☐	631	연락	連絡 れんらく
☐	632	연못	池 いけ
☐	633	연습	練習 れんしゅう
☐	634	연주하다, 켜다, 치다 *	ひく
☐	635	연필	えんぴつ
☐	636	연하다, 얇다 *	うすい
☐	637	열 *	ねつ
☐	638	열다 *	開ける あ
☐	639	열리다 *	開く あ
☐	640	열쇠	かぎ

O

의미	단어
☐ 641 열심히 *	ねっしんに
☐ 642 엽서	はがき
☐ 643 영어 *	英語 (えいご)
☐ 644 영업 *	営業 (えいぎょう)
☐ 645 영향	影響 (えいきょう)
☐ 646 영화 *	映画 (えいが)
☐ 647 영화관	映画館 (えいがかん)
☐ 648 옆	横 (よこ)
☐ 649 옆, 이웃	となり
☐ 650 예보	予報 (よほう)

MEMO

 오늘의 단어의 의미와 읽는 법을 외워봅시다!

☑ 외운 단어를 셀프 체크해 보세요.

	의미	단어
☐ 651	예쁘다, 깨끗하다	きれいだ
☐ 652	예습 *	よしゅう
☐ 653	예약 *	予約 (よやく)
☐ 654	예정 *	予定 (よてい)
☐ 655	옛날	昔 (むかし)
☐ 656	오늘	今日 (きょう)
☐ 657	오늘 밤 *	今夜 (こんや)
☐ 658	오늘 밤, 오늘 저녁	今晩 (こんばん)
☐ 659	오늘 아침 *	今朝 (けさ)
☐ 660	오다 *	来る (くる)

음원을 들으며 따라 읽어 보세요.

의미	단어
☐ 661 오래되다 *	古い
☐ 662 (산을) 오르다	登る
☐ 663 오르다	あがる
☐ 664 오른쪽 *	右
☐ 665 오전	午前
☐ 666 오토바이	バイク
☐ 667 오픈	オープン
☐ 668 오후 *	午後
☐ 669 옥상 *	屋上
☐ 670 옮기다	移る

		의미	단어
☐	671	옮기다, 운반하다 *	運ぶ
☐	672	옷	服
☐	673	와이셔츠 *	ワイシャツ
☐	674	와인	ワイン
☐	675	왕복 *	おうふく
☐	676	외국 *	外国
☐	677	외우다, 익히다	覚える
☐	678	외출하다, 나가다	出かける
☐	679	왼쪽 *	左
☐	680	요금	料金

음원을 들으며 따라 읽어 보세요.

의미	단어
☐ 681 요리 *	りょうり 料理
☐ 682 요전, 얼마 전	せんじつ 先日
☐ 683 우산	かさ
☐ 684 우유	ぎゅうにゅう 牛乳
☐ 685 우체국 *	ゆうびんきょく
☐ 686 우표 *	きって
☐ 687 운동 *	うんどう 運動
☐ 688 운전 *	うんてん 運転
☐ 689 울다	な 泣く
☐ 690 (벨 등이) 울리다 *	なる

의미	단어
☐ 691 움직이다 *	<ruby>動<rt>うご</rt></ruby>く
☐ 692 웃다	<ruby>笑<rt>わら</rt></ruby>う
☐ 693 원인	<ruby>原因<rt>げんいん</rt></ruby>
☐ 694 월요일	<ruby>月<rt>げつ</rt></ruby>よう<ruby>日<rt>び</rt></ruby>
☐ 695 위 *	<ruby>上<rt>うえ</rt></ruby>
☐ 696 위험하다	<ruby>危<rt>あぶ</rt></ruby>ない
☐ 697 위험하다 *	<ruby>危険<rt>きけん</rt></ruby>だ
☐ 698 유감스럽다 *	<ruby>残念<rt>ざんねん</rt></ruby>だ
☐ 699 유럽	ヨーロッパ
☐ 700 유리	ガラス

MEMO

DAY 15 MP3

학습일: 월 일

 오늘의 단어의 의미와 읽는 법을 외워봅시다!

☑ 외운 단어를 셀프 체크해 보세요.

		의미	단어
☐	701	유명하다	ゆうめい 有名だ
☐	702	유학	りゅうがく 留学
☐	703	은행	ぎんこう 銀行
☐	704	음식	た もの 食べ物
☐	705	음악	おんがく 音楽
☐	706	의견 *	い けん 意見
☐	707	의미	い み 意味
☐	708	의사 *	い しゃ 医者
☐	709	의자 *	いす
☐	710	이, 치아	は 歯

220

음원을 들으며 따라 읽어 보세요.

의미	단어
☐ 711 이기다	かつ
☐ 712 이내	以内
☐ 713 이르다, 빠르다	早い
☐ 714 이름 *	名前
☐ 715 이미, 벌써	もう
☐ 716 이번 달	今月
☐ 717 이번 주	今週
☐ 718 이번, 이 다음 *	今度
☐ 719 이사 *	ひっこし
☐ 720 이사하다 *	ひっこす

221

☑ 외운 단어를 셀프 체크해 보세요.

		의미	단어
☐	721	이상 *	以上
☐	722	이야기	話
☐	723	이야기하다 *	話す
☐	724	이외, 그 밖	以外
☐	725	이용 *	利用
☐	726	이유 *	理由
☐	727	이전	以前
☐	728	이제 곧, 머지않아 *	もうすぐ
☐	729	이제 곧, 슬슬	そろそろ
☐	730	익숙해지다 *	なれる

음원을 들으며 따라 읽어 보세요.

의미	단어
☐ 731 인구 *	じんこう 人口
☐ 732 인기 *	にんき 人気
☐ 733 인사 *	あいさつ
☐ 734 인터넷 *	インターネット
☐ 735 인플루엔자, 독감	インフルエンザ
☐ 736 일	しごと 仕事
☐ 737 일, 용무 *	ようじ 用事
☐ 738 일기 *	にっき 日記
☐ 739 일기예보 *	てんきよほう 天気予報
☐ 740 일어나다 *	お 起きる

의미	단어
☐ 741 일어서다 *	立つ
☐ 742 일요일	日よう日
☐ 743 일으키다	起こす
☐ 744 일하다 *	働く
☐ 745 읽다	読む
☐ 746 잃다, 없애다	なくす
☐ 747 입	口
☐ 748 입구	入口
☐ 749 입금, 납입	ふりこみ
☐ 750 입다	着る

MEMO

도전! 오늘의 단어의 의미와 읽는 법을 외워봅시다!

☑ 외운 단어를 셀프 체크해 보세요.

		의미	단어
☐	751	입원 *	にゅういん 入院
☐	752	입학	にゅうがく 入学
☐	753	잊다, 까먹다 *	わす 忘れる
☐	754	잎, 잎사귀	は
☐	755	자기, 자신 *	じ ぶん 自分
☐	756	자다, 눕다	ね 寝る
☐	757	자다, 잠들다 *	ねむ 眠る
☐	758	자동차 *	くるま 車
☐	759	자동차 *	じ どうしゃ 自動車
☐	760	자라다, 늘어지다	の 伸びる

의미	단어
☐ 761 자르다 *	き 切る
☐ 762 자리, 좌석	せき 席
☐ 763 자유 *	じ ゆう 自由
☐ 764 자전거 *	じ てんしゃ 自転車
☐ 765 자주, 잘	よく
☐ 766 작년	きょねん 去年
☐ 767 작다 *	ちい 小さい
☐ 768 작문	さくぶん 作文
☐ 769 잔돈, 거스름돈 *	おつり
☐ 770 잘다, 자세하다	こま 細かい

じ

227

의미	단어
☐ 771 잘하다, 능숙하다	<ruby>上手<rt>じょう ず</rt></ruby>だ
☐ 772 잡지	ざっし
☐ 773 장갑	てぶくろ
☐ 774 장래, 미래	<ruby>将来<rt>しょうらい</rt></ruby>
☐ 775 장소 *	<ruby>場所<rt>ば しょ</rt></ruby>
☐ 776 장식하다 *	かざる
☐ 777 재료	<ruby>材料<rt>ざいりょう</rt></ruby>
☐ 778 재미있다	<ruby>面白<rt>おもしろ</rt></ruby>い
☐ 779 재작년	おととし
☐ 780 잼	ジャム

의미	단어
☐ 781 저금 *	ちょきん
☐ 782 저녁 무렵 *	夕方 (ゆうがた)
☐ 783 적다 *	少ない (すくない)
☐ 784 전 세계 *	世界中 (せかいじゅう)
☐ 785 전기, 전등	電気 (でんき)
☐ 786 전달하다, 알리다 *	伝える (つたえる)
☐ 787 전철 *	電車 (でんしゃ)
☐ 788 전혀 ~않다 *	ぜんぜん～ない
☐ 789 전화 *	電話 (でんわ)
☐ 790 절 *	寺 (てら)

ㅈ

		의미	단어
☐	791	젊다	若い _{わか}
☐	792	점심 시간	昼休み _{ひるやす}
☐	793	점심 식사, 점심밥 *	昼ご飯 _{ひる はん}
☐	794	점원 *	店員 _{てんいん}
☐	795	점점, 순조롭게 *	だんだん
☐	796	접다	折る _お
☐	797	접수 *	うけつけ
☐	798	접시	皿 _{さら}
☐	799	젓가락	おはし
☐	800	정리하다, 치우다	片付ける _{かた づ}

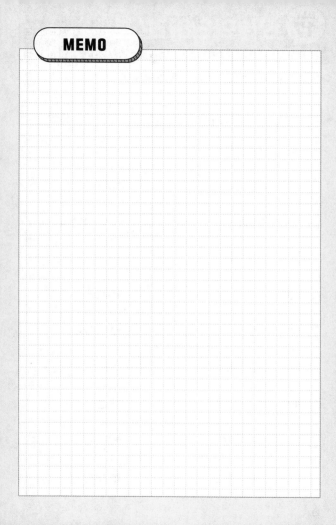

MEMO

도전! 오늘의 단어의 의미와 읽는 법을 외워봅시다!

☑ 외운 단어를 셀프 체크해 보세요.

		의미	단어
☐	801	정말, 진짜	^{ほんとう}本当
☐	802	정보	^{じょうほう}情報
☐	803	정성껏 *	ていねいに
☐	804	정원, 마당	^{にわ}庭
☐	805	젖다 *	ぬれる
☐	806	제품	せいひん
☐	807	조금 전에, 아까	さっき
☐	808	조금, 약간 *	すこし
☐	809	조사하다 *	^{しら}調べる
☐	810	조용하다 *	^{しず}静かだ

의미	단어
☐ 811 졸리다, 자다	<ruby>眠<rt>ねむ</rt></ruby>い
☐ 812 졸업	<ruby>卒業<rt>そつぎょう</rt></ruby>
☐ 813 좀, 잠깐 *	ちょっと
☐ 814 좀처럼 ~않다 *	なかなか〜ない
☐ 815 좁다 *	せまい
☐ 816 종이 *	<ruby>紙<rt>かみ</rt></ruby>
☐ 817 좋다	いい
☐ 818 좋다	よい
☐ 819 좋아하다 *	<ruby>好<rt>す</rt></ruby>きだ
☐ 820 (내가 다른 사람에게) 주다	あげる

ㅈ

233

		의미	단어
☐	821	(다른 사람이 나에게) 주다	**くれる**
☐	822	주문	**注文** ちゅうもん
☐	823	주소 *	**住所** じゅうしょ
☐	824	주스	**ジュース**
☐	825	주의 *	**注意** ちゅう い
☐	826	주차장	**駐車場** ちゅうしゃじょう
☐	827	죽다	**死ぬ** し
☐	828	준비 *	**じゅんび**
☐	829	줄 서다, 늘어서다	**ならぶ**
☐	830	줄다, 감소하다	**減る** へ

의미	단어
☐ 831 줄을 세우다, 늘어놓다	ならべる
☐ 832 줍다 *	ひろう
☐ 833 중요하다, 소중하다	大事だ だい じ
☐ 834 중지 *	中止 ちゅう し
☐ 835 중학교	中学校 ちゅうがっこう
☐ 836 즐거움, 기대	楽しみ たの
☐ 837 즐겁다 *	楽しい たの
☐ 838 지각 *	ちこく
☐ 839 지갑 *	さいふ
☐ 840 지금	今 いま

ス

	의미	단어
☐ 841	지다 *	まける
☐ 842	지도 *	地図 (ち ず)
☐ 843	지리 *	地理 (ち り)
☐ 844	지불하다 *	払う (はら)
☐ 845	지치다, 피곤하다	疲れる (つか)
☐ 846	지키다	守る (まも)
☐ 847	지하 *	地下 (ち か)
☐ 848	지하철	地下鉄 (ち か てつ)
☐ 849	질문	質問 (しつもん)
☐ 850	집(내가 사는 곳)	うち

MEMO

학습일 : 월 일

 오늘의 단어의 의미와 읽는 법을 외워봅시다!

☑ 외운 단어를 셀프 체크해 보세요.

의미	단어
☐ 851 집(장소) *	いえ 家
☐ 852 집세	や ちん 家賃
☐ 853 짓다, 세우다 *	た 建てる
☐ 854 짧다	みじか 短い
☐ 855 찍다	と 撮る
☐ 856 차	ちゃ お茶
☐ 857 차갑다 *	つめ 冷たい
☐ 858 찬성 *	さんせい
☐ 859 찬스, 기회 *	チャンス
☐ 860 참가	さん か 参加

의미	단어
☐ 861 찻집, 카페	<ruby>喫茶店<rt>きっ さ てん</rt></ruby>
☐ 862 창문	<ruby>窓<rt>まど</rt></ruby>
☐ 863 찾다 *	<ruby>探<rt>さが</rt></ruby>す
☐ 864 채소 *	<ruby>野菜<rt>や さい</rt></ruby>
☐ 865 채소가게	<ruby>八百屋<rt>や お や</rt></ruby>
☐ 866 책	<ruby>本<rt>ほん</rt></ruby>
☐ 867 책방, 서점 *	<ruby>本屋<rt>ほん や</rt></ruby>
☐ 868 책상 *	つくえ
☐ 869 책장	<ruby>本<rt>ほん</rt></ruby>だな
☐ 870 처음	はじめて

ㅊ

239

		의미	단어
☐	871	천둥 *	雷 かみなり
☐	872	천천히	ゆっくり
☐	873	청소 *	そうじ
☐	874	체크 *	チェック
☐	875	초대 *	しょうたい
☐	876	초등학교	小学校 しょうがっこう
☐	877	초록, 녹색	みどり
☐	878	초콜릿 *	チョコレート
☐	879	최근 *	最近 さいきん
☐	880	최초, 처음 *	最初 さいしょ

음원을 들으며 따라 읽어 보세요.

의미	단어
☐ 881 최후, 마지막 *	最後 (さいご)
☐ 882 추억 *	思い出 (おもいで)
☐ 883 축구	サッカー
☐ 884 축하, 축하 선물	おいわい
☐ 885 출구	出口 (でぐち)
☐ 886 출발	出発 (しゅっぱつ)
☐ 887 출석	出席 (しゅっせき)
☐ 888 춤추다 *	おどる
☐ 889 춥다 *	寒い (さむい)
☐ 890 충분하다 *	十分だ (じゅうぶんだ)

ㅊ

241

의미	단어
☐ 891 충분하다 *	た 足りる
☐ 892 취미	しゅ み 趣味
☐ 893 치즈	チーズ
☐ 894 친구(들)	とも 友だち
☐ 895 친절하다 *	しんせつ 親切だ
☐ 896 침대 *	ベッド
☐ 897 칭찬받다 *	ほめられる
☐ 898 칭찬하다	ほめる
☐ 899 카메라 *	カメラ
☐ 900 카탈로그	カタログ

MEMO

오늘의 단어의 의미와 읽는 법을 외워봅시다!

☑ 외운 단어를 셀프 체크해 보세요.

	의미	단어
☐ 901	캘린더, 달력	カレンダー
☐ 902	커터, 작은 칼 *	カッター
☐ 903	커피 *	コーヒー
☐ 904	컴퓨터	コンピューター
☐ 905	케이크 *	ケーキ
☐ 906	켜지다	つく
☐ 907	코	鼻 はな
☐ 908	콘서트 *	コンサート
☐ 909	콩	豆 まめ
☐ 910	크다	大きい おお

의미	단어
☐ 911 클럽, 동아리	クラブ
☐ 912 키	背^せ
☐ 913 키우다 *	育^{そだ}てる
☐ 914 타다 *	乗^のる
☐ 915 타월, 수건	タオル
☐ 916 타입	タイプ
☐ 917 태어나다 *	生^うまれる
☐ 918 태풍	台風^{たいふう}
☐ 919 테스트, 시험	テスト
☐ 920 테이블	テーブル

E

☑ 외운 단어를 셀프 체크해 보세요.

		의미	단어
☐	921	텍스트, 교과서	テキスト
☐	922	토요일	土よう日
☐	923	통하다, 지나가다 *	通る
☐	924	특급 *	特急
☐	925	특별하다 *	特別だ
☐	926	특히 *	とくに
☐	927	튼튼하다	丈夫だ
☐	928	티켓 *	チケット
☐	929	팁	チップ
☐	930	파랑, 파란색	青

음원을 들으며 따라 읽어 보세요.

의미	단어
☐ 931 파랗다 *	<ruby>青<rt>あお</rt></ruby>い
☐ 932 파스타	パスタ
☐ 933 파일	ファイル
☐ 934 파출소	<ruby>交番<rt>こうばん</rt></ruby>
☐ 935 파트, 시간제 근무	パート
☐ 936 파티	パーティー
☐ 937 팔	うで
☐ 938 팔다 *	<ruby>売<rt>う</rt></ruby>る
☐ 939 팔리다	<ruby>売<rt>う</rt></ruby>れる
☐ 940 퍼스널 컴퓨터	パソコン

Ⅱ

		의미	단어
☐	941	페이지	ページ
☐	942	펜	ペン
☐	943	편리하다 *	便利だ
☐	944	편의점	コンビニ
☐	945	편지 *	手紙
☐	946	포도	ぶどう
☐	947	포스터 *	ポスター
☐	948	표	きっぷ
☐	949	푹, 깊은 잠든 모양	ぐっすり
☐	950	풀	草

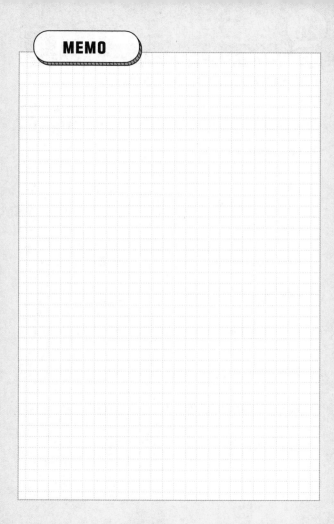

MEMO

오늘의 단어의 의미와 읽는 법을 외워봅시다!

☑ 외운 단어를 셀프 체크해 보세요.

		의미	단어
☐	951	(꽃이) 피다 *	咲^さく
☐	952	피아노	ピアノ
☐	953	(담배를) 피우다 *	すう
☐	954	피팅, 입어 봄	試着^{しちゃく}
☐	955	필요 *	必要^{ひつよう}
☐	956	필요하다	要^いる
☐	957	하늘 *	空^{そら}
☐	958	(샤워를) 하다, 뒤집어쓰다	浴^あびる
☐	959	하양, 하얀색	白^{しろ}
☐	960	하얗다 *	白^{しろ}い

음원을 들으며 따라 읽어 보세요.

의미	단어
☐ 961 학교 *	がっこう 学校
☐ 962 학생	がくせい 学生
☐ 963 한가하다 *	ひまだ
☐ 964 한밤중	よ なか 夜中
☐ 965 한번 *	いち ど 一度
☐ 966 한자 *	かん じ 漢字
☐ 967 할머니	おばあさん
☐ 968 (나의) 할머니, 조모	そ ぼ 祖母
☐ 969 할아버지	おじいさん
☐ 970 (나의) 할아버지, 조부	そ ふ 祖父

ㅎ

		의미	단어
☐	971	합격	ごうかく 合格
☐	972	항구 *	みなと 港
☐	973	항상 *	いつも
☐	974	해외	かいがい 海外
☐	975	햄버거	ハンバーガー
☐	976	행하다 *	おこな 行う
☐	977	헤엄치다 *	およ 泳ぐ
☐	978	(나의) 형, 오빠 *	あに 兄
☐	979	형, 오빠	にい お兄さん
☐	980	형제	きょうだい 兄弟

		의미	단어
☐	981	형편, 사정 *	つ ごう 都合
☐	982	형편, 상태	ぐ あい 具合
☐	983	호수 *	みずうみ 湖
☐	984	혼내다	しか 叱る
☐	985	화가	が か 画家
☐	986	화내다 *	おこる
☐	987	화요일	か び 火よう日
☐	988	화재	か じ 火事
☐	989	활발하다, 번창하다	さかんだ
☐	990	회사 *	かいしゃ 会社

ㅎ

	의미	단어
☐ 991	회사원	<ruby>会社員<rt>かいしゃいん</rt></ruby>
☐ 992	회의	<ruby>会議<rt>かいぎ</rt></ruby>
☐ 993	회화, 대화	<ruby>会話<rt>かいわ</rt></ruby>
☐ 994	훨씬 *	ずっと
☐ 995	휴일, 방학 *	<ruby>休<rt>やす</rt></ruby>み
☐ 996	흐림	くもり
☐ 997	흥미	<ruby>興味<rt>きょうみ</rt></ruby>
☐ 998	힘	<ruby>力<rt>ちから</rt></ruby>
☐ 999	힘내다, 열심히 하다	がんばる
☐ 1000	힘들다	<ruby>大変<rt>たいへん</rt></ruby>だ

MEMO